PROSPER MÉRIMÉE

LETTRES
A
UNE INCONNUE

PRÉCÉDÉES D'UNE ÉTUDE SUR MÉRIMÉE

PAR

H. TAINE

III

PARIS
CALMANN-LÉVY, ÉDITEURS
3, RUE AUBER, 3

Prix : 15 francs.

LETTRES
A
UNE INCONNUE

III

CALMANN-LÉVY, ÉDITEURS

OUVRAGES

DE

PROSPER MÉRIMÉE

de l'Académie française

FORMAT IN-16

CARMEN.	1 vol.
CHRONIQUE DU RÈGNE DE CHARLES IX	1 —
COLOMBA.	1 —
LES DEUX HÉRITAGES.	1 —
LA DOUBLE MÉPRISE	1 —
ÉTUDES SUR LES ARTS AU MOYEN AGE	1 —
LETTRES A UNE AUTRE INCONNUE.	1 —
MOSAÏQUE.	1 —
PORTRAITS HISTORIQUES ET LITTÉRAIRES . .	1 —
THÉATRE DE CLARA GAZUL.	1 —

PROSPER MÉRIMÉE
DE L'ACADÉMIE FRANÇAISE

LETTRES
A
UNE INCONNUE

PRÉCÉDÉES D'UNE ÉTUDE SUR PROSPER MÉRIMÉE

PAR

H. TAINE

TOME TROISIÈME

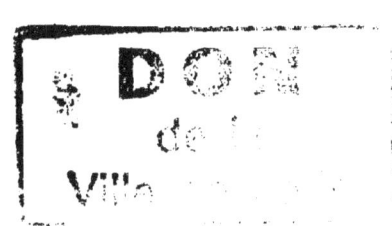

PARIS
CALMANN-LÉVY, ÉDITEURS
3, RUE AUBER, 3

Droits de reproduction et de traduction réservés.

LETTRES

A

UNE INCONNUE

CLXX

Paris, 8 septembre 1857.

Pendant que vous vous livrez à l'enthousiasme, je tousse et je suis très-malade d'un rhume affreux. J'espère que cela vous touchera. Je ne comprends pas que vous restiez trois jours à Lucerne, à moins que vous n'employiez votre temps à courir sur le lac. Mais il est inutile de vous donner des conseils qui arriveront trop tard. Le seul que je vous envoie et dont vous profiterez, j'espère, c'est de ne pas oublier vos amis de France dans le beau pays que vous visitez. Il n'y a absolument personne à Paris, mais cette solitude ne me déplaît pas. Je passe mes soirées sans trop m'ennuyer, à ne rien faire. Si je n'étais réellement très-souffrant, je me plairais beaucoup à ce calme et je voudrais qu'il durât toute l'année. Vos étonnements en voyage doivent être très-amusants, et je regrette bien de n'en être pas témoin. Si vous aviez arrangé vos affaires avec un peu de tactique, nous aurions pu nous rencontrer en route et faire une excursion ou deux, voir des chamois ou tout au moins des écureuils noirs. Si je n'étais pas si malade qu'il m'est impossible de mettre deux idées l'une devant l'autre, je profiterais de votre absence pour travailler. J'ai une promesse à remplir avec la *Revue des Deux Mondes*, et une *Vie de Brantôme* à faire, où j'ai une grande quantité de choses téméraires à dire. Je m'amuse à en retourner les phrases dans ma tête ; mais le courage me manque lorsqu'il s'agit de quitter mon fauteuil pour aller les écrire. Je suis fâché que vous n'ayez pas emporté un volume de Beyle sur l'Italie, qui vous aurait amusée en route et appris quelque chose sur la société. Il aimait particulièrement Milan, parce qu'il y avait été amoureux. Je n'y suis jamais allé, mais je n'ai jamais pu aimer les

Milanais que j'ai rencontrés, qui m'ont toujours fait l'effet de Français de province. Si vous trouviez à Venise un vieux livre latin quel qu'il soit de l'imprimerie des Aldes, grand de marge, qui ne coûte pas trop cher, achetez-le-moi. Vous le reconnaîtrez aux caractères italiques et à la marque, qui est une licorne avec un dauphin qui s'y tortille. Je pense que vous ne m'écrirez guère ayant si nombreuse compagnie avec vous. Cependant, vous devriez de temps en temps me charmer de vos nouvelles et me faire prendre patience : vous savez que je ne possède pas votre vertu. Adieu; amusez-vous bien, voyez le plus de belles choses que vous pourrez, mais ne vous mettez pas en tête le désir de tout voir. Il faut se dire : « Je reviendrai. » Il vous en restera toujours assez dans la mémoire pour vous occuper. Je voudrais bien aller en gondole avec vous. Adieu encore ; surtout soignez-vous et ne vous fatiguez pas.

CLXXI

Aix, 6 janvier 1858.

Vous croyez qu'on trouve des troncs d'arbre comme cela en bracelets, et que les orfévres comprennent vos comparaisons! J'ai fait acquisition de quelque chose qui ressemble à un tas de champignons, mais le prix m'a un peu déconcerté. Avez-vous marchandé à Gênes? J'en doute; autrement, vous auriez acheté. Mais m'importe. Vous ne saviez peut-être pas non plus que les ouvrages en filigrane payent un droit de onze francs par hectogramme, ce qui fait qu'en France ils coûtent deux fois plus cher qu'à Gênes. Au reste, j'ai pris le parti de ne rien payer à la douane et de vous laisser le plaisir d'envoyer vous-même l'argent, qui sera inséré au *Moniteur* comme restitution à l'État. Il gèle, il neige, il fait un froid atroce. Je ne sais s'il y aura moyen de passer en Bourgogne; quoi qu'il en soit, je partirai pour Paris demain soir. J'espère que vous me ferez en personne vos félicitations pour la nouvelle année.

Adieu ; je suis brisé du voyage et bien attristé du temps qu'il fait. J'ai vu à Nice toute sorte de beau monde, entre autres la duchesse de Sagan, qui est toujours jeune et a l'air aussi féroce.

CLXXII

Paris, lundi soir, 29 janvier 1858.

Il y a un siècle que je ne vous ai vue. Il est vrai qu'il s'est passé tant de choses! Je meurs d'envie de savoir votre impression sur tout cela. Je suis un peu moins enrhumé et grippé, et j'attribue à notre dernière promenade l'honneur de ma guérison. C'est quelque chose comme la lance d'Achille.

Avez-vous lu *le Docteur Antonio ?* C'est un roman anglais qui a eu assez de succès parmi le beau monde anglais et que j'ai lu à Cannes. C'est l'œuvre de M. Orsini. Cela lui vaudra sans doute une nouvelle édition à Londres, et vous voudrez le lire. Au fond, cela n'est pas fort.

Écrivez-moi vite, je vous en prie, car j'ai bien besoin de vous voir pour oublier toutes les horreurs de ce monde.

CLXXIII

Londres, *British Museum*, mardi soir, 28 avril 1858.

Le temps passe si vite dans ce pays et les distances sont si grandes, qu'on n'a pas le temps de faire la moitié de ce qu'on veut. Je viens de promener le duc de Malakoff dans le musée, et il ne me reste que quelques minutes pour vous écrire. Vous saurez d'abord que j'ai été très-souffrant pendant deux jours, effet que produit toujours sur moi la fumée de charbon de terre. Mais, après, je me suis trouvé meilleur que neuf. Je mange beaucoup, marche beaucoup; seulement, je ne dors pas mon saoul. Je vais beaucoup dans le monde, ce qui ne m'amuse que médiocrement. La crinoline n'est pas portée ici au point où elle est parvenue chez nous, mais les yeux se gâtent si vite, que j'en suis choqué, et il me semble que toutes ces femmes sont en chemise. Vous ne pouvez vous faire une idée de la beauté du *British Museum* un dimanche, quand il n'y a absolument personne que M. Panizzi et moi. Cela prend un caractère de recueillement merveilleux ; seulement, on a peur que toutes les statues ne descendent de leurs piédestaux et ne se mettent à danser une grande polka. Je ne trouve pas ici la moindre animosité contre nous; tout le monde dit que Bernard [1] a été jugé par des épiciers, et qu'il n'est pas extraordinaire qu'un épicier ne perde pas l'occasion de faire endêver un prince. On a crié beaucoup de hourras au maréchal [2] quand il est venu ici.

Adieu, chère amie.

---

1. Impliqué dans l'affaire d'Orsini. Le gouvernement français avait demandé son extradition, qui ne fut pas accordée par l'Angleterre.
2. Le maréchal Pélissier, duc de Malakoff.

CLXXIV

Londres, *British Museum*, 3 mai 1858.

Je crois que je serai à Paris mercredi matin.

Je suis tombé mercredi dans un assez drôle de guêpier. On m'a invité à un dîner du *Literary fund*, présidé par lord Palmerston, et j'ai reçu, au moment d'y aller, l'avis de me préparer à débiter un speech, attendu qu'on associait mon nom à un toast à la littérature de l'Europe continentale. Je me suis exécuté avec le contentement que vous pouvez imaginer, et j'ai dit des bêtises en mauvais anglais, pendant un gros quart d'heure, à une assemblée de trois cents lettrés ou soi-disant tels, plus cent femmes admises à l'honneur de nous voir manger des poulets durs et de la langue coriace. Je n'ai jamais été si saoul de sottise, comme disait M. de Pourceaugnac.

Hier, j'ai reçu la visite d'une dame et de son mari qui m'apportaient des lettres autographes de l'empereur Napoléon à Joséphine. On voudrait

les vendre. Elles sont fort curieuses, car il n'y
est question que d'amour. Tout cela est très-
authentique, avec du papier à tête et les timbres
de la poste. Ce que je comprends difficilement,
c'est que Joséphine ne les ait pas brûlées aussitôt après les avoir lues. . . . .

CLXXV

Paris, 19 mai 858.

On nous fait mener une ennuyeuse vie au
Luxembourg. J'en suis excédé. Je suis également
consterné du temps qu'il fait. On me dit que cela
est très-profitable pour les pois. Je vous félicite
donc, mais je trouve qu'il ne devrait pleuvoir que
sur les propriétaires. Je vous ai fort accusée de
m'avoir pris un livre (c'est ma seule propriété)
que j'ai cherché comme une aiguille, et que j'ai
enfin découvert ce matin dans un coin, où je
l'avais fourré moi-même pour le mettre en sûreté.
Mais cela m'a fait faire plus de mauvais sang que
le livre ne valait. Je suis toujours malade depuis

mon retour, c'est-à-dire que je n'ai ni faim ni sommeil. Avant que vous partiez pour si longtemps, il me faut absolument un second portrait. Quant à cela, il ne s'agit que d'une demi-heure de patience, s'il est besoin de patience quand on sait qu'on fait du plaisir aux gens. Je suis du voyage de Fontainebleau et ne reviendrai que le 29. — Je voudrais que nous pussions causer longuement avant ce départ. Il me semble qu'il y a un siècle que cela ne nous est arrivé.

CLXXVI

Palais de Fontainebleau, 20 mai 1858.

. . . .
Je suis très-contrarié et à moitié empoisonné pour avoir pris trop de laudanum. En outre, j'ai fait des vers pour Sa Majesté Néerlandaise, joué des charades et *made a fool of myself*. C'est pourquoi je suis absolument abruti. Que vous dirai-je de la vie que nous menons ici? Nous prîmes un cerf hier, nous dînâmes sur l'herbe ; l'autre jour,

nous fûmes trempés de pluie, et je m'enrhumai. Tous les jours, nous mangeons trop; je suis à moitié mort. Le destin ne m'avait pas fait pour être courtisan. Je voudrais me promener à pied dans cette belle forêt avec vous et causer de choses de féerie. J'ai tellement mal à la tête, que je n'y vois goutte. Je vais dormir un peu, en attendant l'heure fatale où il faudra se mettre sous les armes, c'est-à-dire entrer dans un pantalon collant. . . . .
. . . .

CLXXVII

Paris, 14 juin 1858, au soir.

Je viens de trouver votre lettre en revenant de la campagne, de chez mon cousin, où je suis allé lui faire mes adieux. Je suis plus triste de vous savoir si loin que je ne l'étais en vous quittant. La vue des arbres et des champs m'a fait penser à nos promenades. En outre, j'étais convaincu et j'avais le pressentiment que vous ne partiriez pas sitôt et que je vous reverrais encore une fois. Le timbre de votre lettre m'a extrêmement contrarié. Je le suis un peu encore de votre ridicule pruderie et de tout ce que vous me dites de ce livre. Ce livre a le malheur d'être mal écrit, c'est-à-dire d'une manière emphatique que Sainte-Beuve loue comme poétique, tant les goûts sont divers. Il y a des observations justes et ce n'est pas trivial. Lorsqu'on a du goût comme vous on ne s'écrie pas que c'est affreux, que c'est immoral; on trouve que ce qu'il y a de bon dans le volume est très-bon. Ne jugez jamais les choses avec vos préventions. Tous les jours, vous devenez plus prude et plus conforme au siècle. Je vous passe la crinoline, mais je ne vous passe pas la pruderie. Il faut **savoir chercher** le bien où il est. Un autre chagrin que j'ai, c'est de n'avoir pas votre second portrait. C'est votre faute, et je vous l'ai souvent demandé. Vous prétendez qu'il n'est pas ressemblant, et moi, je prétends qu'il a cette expression de physionomie que je n'ai vue qu'à vous et que je revois souvent *in the mind's eye.* Je n'ai pas de jour fixé pour mon départ, pourtant je tâcherai d'être vers le 20 à Lucerne, ce pour quoi je partirai le 19. C'est vous dire que j'aurai besoin d'avoir de vos nouvelles avant le 19. Ici, il fait une chaleur horrible qui m'empêche absolument de dormir et de manger.

Adieu. Avant de partir, je vous dirai où il faudra que vous m'écriviez. Je ne suis pas d'humeur à vous dire des tendresses. Je suis assez mécontent de vous, mais il faudra toujours finir par vous pardonner. Tâchez de vous bien porter et de ne pas vous enrhumer le soir au frais. Adieu encore, chère amie ; c'est un mot qui m'attriste toujours.

CLXXVIII

Interlaken, 3 juillet 1858.

Je sors des neiges éternelles et je trouve votre lettre en arrivant ici. Vous ne me donnez pas votre adresse à G..., et cependant il me semble que c'est là que je dois vous écrire. J'espère que vous aurez l'esprit d'aller à la poste ou que la poste aura celui de vous l'apporter. Notre voyage a été jusqu'ici assez favorisé par le temps. Nous n'avons eu de la pluie qu'au Grimsel, ce qui nous a obligés de passer deux nuits dans ce magnifique entonnoir. Le passage a eu ses difficultés. Il y avait beaucoup de neige, et de la nouvelle. Je suis tombé dans un trou avec mon cheval ; mais nous nous en sommes retirés sans autre inconvénient que d'avoir trop frais pendant une heure ou deux. Une dame yankee, que nous avons rencontrée a fait au même endroit une culbute très-pittoresque. Je suis brûlé et je pèle depuis le front jusqu'au cou. J'ai visité le glacier du Rhône, ce que je ne vous engage pas à faire ; mais c'est jusqu'à présent ce que j'ai vu de plus beau. J'en ai un dessin assez exact que je vous montrerai. J'espère vous rencontrer à Vienne en octobre. C'est un très-jolie ville, avec des antiquités romaines que j'aurai du plaisir à vous démontrer et à revoir avec vous. Donnez-moi vos commissions pour Venise. Je ne sais pas trop par quel chemin j'irai à Innspruck, si par le lac de Constance ou bien par Lindau et peut-être Munich. Mais certainement je passerai par Innspruck, car je vais à Venise par Trente et non par le vulgaire Splugen. Ainsi, écrivez-moi à Innspruck sans trop lambiner. . . . . .

CLXXIX

Innspruck, 25 juillet 1858.

Je suis arrivé hier soir ici, où j'ai trouvé une lettre de vous de date ancienne. . . . . . .

Mon itinéraire a beaucoup changé. Après avoir parcouru très-complétement l'Oberland, je suis allé à Zurich. Là, l'envie de voir Salzbourg m'a pris, et j'ai traversé le lac de Constance pour gagner Lindau, d'où Munich, où je me suis arrêté quelques jours à voir les musées. Salzbourg m'a paru mériter sa réputation, c'est-à-dire la réputation qu'on lui fait en Allemagne. Pour la plupart des touristes, c'est heureusement une terre inconnue. Il y a auprès une montagne nommée le Gagsberg, placée à peu près dans les mêmes conditions que le Righi, d'où l'on a également la vue d'un panorama de lacs et de montagnes. Les lacs sont misérables, il est vrai, mais les montagnes beaucoup plus belles que celles qui entourent le Righi. Ajoutez à cela qu'il n'y a pas d'Anglais pour vous ennuyer de leurs figures, et qu'on est dans la solitude la plus complète, ayant, ce qui est un grand point, la certitude qu'en trois heures de marche, on aura à Salzbourg un bon dîner. Hier, je suis allé dans la Zitterthal. C'est une belle vallée, fermée à l'un de ses bouts par un grand glacier. Les montagnes à droite et à gauche sont bien découpées, mais c'est toujours le même inconvénient qu'en Suisse : pas de premier plan, pas de moyen de découvrir la hauteur réelle des objets qui vous entourent. C'est dans la Zitterthal, dit-on, que sont les plus belles femmes du Tyrol. J'en ai vu beaucoup de fort jolies, en effet, mais trop bien nourries. Les jambes, qu'elles montrent jusqu'à la jarretière (ce n'est pas aussi haut que vous pourriez le croire), sont d'une grosseur ébouriffante. Pendant que je dînais à Fügen, notre hôte est entré avec sa fille, faite comme un tonneau de Bourgogne, son fils, une guitare, et deux garçons d'écurie. Tout ce monde a *aidoulé* d'une façon merveilleuse. Le tonneau, qui n'a que vingt-deux ans, a un contralto de cinquante mille francs. Le concert, d'ailleurs, a été gratis. Chanter, pour ces gens-là, est un plaisir qu'ils ne mettent pas sur leur carte. Demain, je pars pour Vérone par un grand détour, afin de voir le Stelvio. Il s'agit de passer en calèche à sept mille ou huit mille pieds au-dessus de la mer. Si je ne tombe pas dans quelque trou, je serai à Venise vers le 5 ou le 6 août, peut-être avant. Je ferai votre commission, qui me paraît compliquée. Je vous choisirai la plus jolie résille possible. Je vous remercie des renseignements sur les Aldes. J'aurais préféré cependant que vous m'en donnassiez sur vos tournées. Adieu.

CLXXX

Venise, 18 août 1858.

Vous couriez les monts, et vous faisiez des comparaisons inconvenantes du mont Blanc avec un pain de sucre, lorsque je m'exterminais à vous chercher des coquilles. Je n'ai jamais rien vu de plus laid que ce que je vous apporte. Il est probable que cela sera pris par les douanes que j'aurai à traverser, ou que cela sera cassé en route. Je m'en réjouis, car on n'a jamais donné une commission semblable à un homme de goût.

Venise m'a rempli d'un sentiment de tristesse dont je ne suis pas bien remis depuis près de quinze jours. L'architecture à effet, mais sans goût et sans imagination, des palais m'a pénétré d'indignation pour tous les lieux communs qu'on en dit. Les canaux ressemblent beaucoup à la Bièvre, et les gondoles à un corbillard incommode. Les tableaux de l'Académie m'ont plu, j'entends ceux des maîtres de second ordre. Il n'y a pas un Paul Véronèse qui vaille *les Noces de Cana*, pas un Titien qui soit à comparer avec *le Denier de César*, de Dresde, ou même *le Couronnement d'épines*, de Paris. J'ai cherché un Giorgione. Il n'y en a pas un à Venise. En revanche, la physionomie du peuple me plaît. Les rues fourmillent de filles charmantes, nu-pieds et nu-tête, qui, si elles étaient baignées et frottées, feraient des Vénus Anadyomènes. Ce qui me déplaît le plus, c'est l'odeur des rues. Ces jours-ci, on faisait frire partout des beignets et c'était insupportable. J'ai assisté à une fonction¹ assez amusante en l'honneur de l'archiduc. On lui a donné une sérénade depuis la Piazzetta jusqu'au pont de fer. Nous étions six cents gondoles à suivre le bateau colossal qui portait la musique. Toutes avaient des fanaux et beaucoup brûlaient des feux de Bengale rouges ou bleus, qui coloraient d'une teinte féerique les palais du grand canal. Le passage du Rialto est surtout très-amusant. Il faut passer en masse. Personne ne veut reculer ni céder; il en résulte que, pendant une heure un quart, tout l'espace entre le palais Loredan et le Rialto est un pont immobile. Dès qu'il y a une fente large comme la main entre deux poupes, une proue s'y met comme un coin. A chaque instant, on entend craquer les bordages et, de temps en temps, les rames cassent. Le curieux, c'est que, parmi toute cette presse, qui, en France, occasionnerait une bataille générale, il n'y a pas une injure échangée, pas même un mot de mauvaise humeur. Ce peuple est pétri de lait et de maïs. J'ai vu aujourd'hui, en pleine place Saint-Marc, un moine

---

1. *Funzione,* espèce de représentation.

tomber aux genoux d'un caporal autrichien qui
l'arrêtait. Il n'y avait rien de si déplorable, et en
face du lion de Saint-Marc ! J'attends ici Panizzi.
Je vais un peu dans le monde. Je cours les
bibliothèques, je passe mon temps assez douce-
ment. J'ai vu hier les Arméniens, très-beaux
gaillards, que la vue d'un sénateur a changés en
Arméniens de Constantinople : ils m'ont donné
un poëme épique d'un de leurs Pères. Adieu ; je
serai à Gênes probablement le 1er septembre, et
certainement à Paris en octobre, à Vienne aussitôt que j'aurai de vos nouvelles. Je me porte
assez bien depuis quatre ou cinq jours. J'ai été
très-souffrant pendant plus de quinze. Adieu
encore.

CLXXXI

Gênes, 10 septembre 1858.

J'ai trouvé en arrivant ici votre lettre du 1er,
dont je vous remercie. Vous ne me parlez pas
d'une que je vous ai écrite de Brescia vers le
1er de ce mois. Je vous y disais que j'avais quitté

Venise avec regret et que j'avais sans cesse pensé
à vous. — Le lac de Côme m'a plu. Je me suis
arrêté a Bellaggio. J'ai retrouvé, dans une assez
jolie villa des bords du lac, madame Pasta, que je
n'avais pas vue depuis qu'elle faisait les beaux jours
de l'Opéra italien. Elle a augmenté singulièrement
en largeur. Elle cultive ses choux, et dit qu'elle
est aussi heureuse que lorsqu'on lui jetait des
couronnes et des sonnets. Nous avons parlé musique, théâtre, et elle m'a dit, ce qui m'a frappé
comme une idée juste, que, depuis Rossini, on
n'avait pas fait un opéra qui eût de l'unité et
dont tous les morceaux tinssent ensemble. Tout
ce que font Verdi et consorts ressemble à un habit
d'arlequin.

Il fait un temps magnifique, et ce soir il part
un bateau pour Livourne. Je suis fort tenté d'aller
passer huit jours à Florence. Je reviendrai par
Gênes et probablement par la Corniche. Cependant, si je trouve des lettres pressantes, je
pourrai bien prendre la route de Turin et faire
en trente heures le voyage de Paris. De toute
façon, je vous y attendrai le 1er octobre. Daignez
ne pas l'oublier, ou vous m'obligeriez à aller

vous chercher au milieu de vos grèves. Vous ne me parlez pas des épinards de Grenoble et des cinquante-trois manières de les manger, usitées en Dauphiné. Y a-t-il encore quelqu'un qui ait connu Beyle? J'ai reçu autrefois une lettre assez spirituelle, contenant des anecdotes sur son compte, d'un homme dont j'ai oublié le nom, mais qui est greffier de la cour impériale, je crois. Autrefois, il y avait encore de l'esprit en province, comme au temps du président de Brosses ; maintenant, on n'y trouve pas une idée. Les chemins de fer accélèrent encore l'abrutissement. Je suis sûr que, dans vingt ans, personne ne saura plus lire. . . . .

CLXXXII

Cannes, 8 octobre 1858.

Vos coquilles sont arrivées ici sans encombre. Je serai à Paris mercredi ou jeudi prochain. Quand vous voudrez vos commissions, vous viendrez les chercher. Je suis revenu de Florence par terre et me suis fort bien trouvé de cette résolution. La route à partir de la Spezzia est magnifique, autant sinon plus que la route de Gênes à Nice. J'emporte un souvenir très-doux de Florence. C'est une belle ville. Venise n'est que jolie. Quant aux ouvrages d'art, il n'y a pas de comparaison possible. Il y a à Florence deux musées sans égaux. Quand vous irez à Pise, je vous recommande l'hôtel de la *Grande-Bretagne*. C'est la perfection du confort. J'ai fait la folie insigne, sur la foi d'un journal de Nice, d'aller voir une caverne à stalactites découverte par un lapin. Cela se trouve dans les environs d'un lieu nommé la Colle, en France, mais à deux pas de la frontière. On m'a fait ramper sur la terre pendant une heure pour voir des cristallisations plus ou moins ridicules, des carottes ou des navets pendants de la voûte. — J'ai trouvé ici un désert complet, tous les hôtels sont vides, pas un Anglais dans les rues. Cependant, ce serait le moment d'y aller passer quelques jours. Le temps est superbe, justement assez chaud pour qu'on trouve l'ombre avec plaisir, mais le soleil n'est plus du tout dangereux. Dans deux mois, tout cela sera plein et il y aura un vent du nord des plus désagréables. Les voyageurs sont des moutons très-bêtes. Vous ai-je parlé des cailles au riz qu'on mange à Milan?... C'est ce que j'ai trouvé de plus remarquable dans cette ville. Cela vaut le voyage. Je revois ce pays-ci avec plaisir après en avoir vu tant d'autres qui passent pour magnifiques. Les montagnes de l'Estérel m'ont paru plus petites que les Alpes, mais leurs profils sont toujours les plus gracieux qu'on puisse voir. C'est assez parler de voyage.

Quelles sont vos intentions pour cet automne? Prétendez-vous vous renfermer dans vos montagnes du Dauphiné? Avec vous, on ne sait jamais à quoi s'en tenir. — *You look one way and row another.* — Adieu. . . . . . .

CLXXXIII

Paris, 21 octobre 1858.

Me voici de retour dans cette ville de Paris, où je suis assez furieux de ne pas vous rencontrer. Il commence à faire froid et triste, et il n'y a encore personne. J'ai quitté Cannes avec un temps admirable qui est allé toujours grisonnant devant moi à mesure que je m'avançais vers le Nord. Plaignez-moi : j'ai acheté un lustre à Venise qui m'est arrivé avant-hier avec trois pièces cassées. Le juif qui me l'a vendu s'est engagé à me remplacer la casse; mais quel moyen de le contraindre? Je n'ai pas encore pu m'habituer à dormir dans mon lit. Je suis étranger ici et je ne sais que faire de mon temps. Tout serait fort différent si vous étiez à Paris.

J'ai rapporté de Cannes cette bête étrange, le prigadiou, dont je vous ai fait le portrait. Elle est vivante, mais je crains que vous ne la trouviez plus de ce monde. Cela vit de mouches, et les mouches commencent à manquer. J'en ai encore une douzaine que j'engraisse. Mes amis m'ont trouvé maigri. Il me semble que je suis un peu mieux de santé qu'avant mon départ. . . . .

. . . .

CLXXXIV

Paris, dimanche soir, 15 novembre 1858.

. . . .

Je vais demain matin à Compiègne jusqu'au 19. Écrivez-moi *au château* jusqu'au 18. Je suis assez souffrant, et la vie que je vais mener pendant la semaine prochaine ne me remettra guère. Il y a de certains corridors qu'il faut traverser décolleté et qui assurent un bon rhume à ceux qui les fréquentent. Je ne sais ce qu'il arrive à ceux qui y apportent un rhume tout pris. Excusez cet épouvantable hiatus. J'ai vu venir ce matin Sandeau dans tous les états d'un homme qui vient d'essayer pour la première fois des culottes courtes. Il m'a fait cent questions d'une naïveté telle, que cela m'a alarmé. Il y aura, en outre, quelques grands hommes d'outre-Manche qui ajouteront, sans doute, beaucoup à la gaieté folle qui va nous animer.

Adieu.

CLXXXV

Château de Compiègne, dimanche 21 novembre 1858.

Votre lettre me désespère. . . . .
. . . .
Nous restons encore un jour de plus à Compiègne. Au lieu de jeudi, c'est vendredi que nous revenons, à cause d'une comédie d'Octave Feuillet qu'on représente jeudi soir. J'espère bien que ce sera le dernier retard. Je suis, d'ailleurs, tout malade. On ne peut dormir dans ce lieu-ci. On passe le temps à geler ou à rôtir, et cela m'a donné une irritation de poitrine qui me fatigue beaucoup. D'ailleurs, impossible d'imaginer châtelain plus aimable et châtelaine plus gracieuse. La plupart des invités sont partis hier et nous sommes restés en petit comité, c'est-à-dire que nous n'étions que trente ou quarante à table. On a fait une très-longue promenade dans les bois qui m'a rappelé nos courses d'autrefois. Sans le froid, la forêt serait tout aussi belle qu'au commencement de

l'automne. Les arbres ont encore leurs feuilles, mais jaunes et oranges du plus beau ton du monde. Nous rencontrions à chaque pas des daims qui traversaient notre route. Aujourd'hui arrive une cargaison nouvelle d'hôtes illustres. Tous les ministres d'abord, puis des Russes et d'autres étrangers. Redoublement de chaleur, bien entendu, dans les salons.

Adieu.

Quand je pense que j'aurais pu vous voir à Paris aujourd'hui ! Je suis tenté de m'enfuir et de tout planter là. . . . .

CLXXXVI.

Château de Compiègne, mercredi 24 novembre 1858.

Le diable s'en mêle décidément. Je suis ici jusqu'au 2 ou 3 décembre. J'ai des envies de me pendre quand je vous vois tant de résignation. C'est une vertu que je ne possède guère et j'enrage. J'avais, malgré tout, l'idée fixe d'aller passer quelques heures à Paris. Rien n'est plus facile

que de manquer un déjeuner et une promenade. C'est le dîner qui est grave, et les vieux courtisans, lorsque je leur ai parlé d'aller dîner en ville chez lady ***, ont fait une mine telle, qu'il n'y faut plus penser. Nous menons ici une vie terrible pour les nerfs et le cerveau. On quitte des salons chauffés à 40 degrés pour aller dans les bois en char à bancs découvert. Il gèle ici à 7 degrés. Nous rentrons pour nous habiller et nous retrouvons une température tropicale. Je ne comprends pas comment les femmes y résistent. Je ne dors ni ne mange et je passe mes nuits à penser à Saint-Cloud ou à Versailles. . . . .
. . . .

CLXXXVII

Marseille, 29 décembre 1858.

J'ai passé mon dernier jour à Paris, au milieu d'une foule de gens qui ne m'ont pas laissé le temps de faire mes paquets et de vous écrire. J'ai remis chez vous, en allant au chemin de fer vos deux volumes non enveloppés, histoire de la grande précipitation où j'étais. J'espère que votre concierge se sera borné à regarder les images et qu'il vous les aura donnés avec le temps. J'ai eu un froid terrible en route. A Dijon, j'ai rencontré la neige, que je n'ai quittée qu'à Lyon. Ici, il fait un peu de mistral, mais un soleil splendide. On m'écrit de Cannes que le temps est magnifique, bien que froid pour le pays, c'est-à-dire un temps de mai. J'ai indignement souffert dans le chemin de fer de Paris à Marseille, et, toute la nuit, j'ai cru que j'allais étouffer. Ce matin, je me sens beaucoup mieux. C'est un grand plaisir de revoir le soleil et de sentir sa vraie chaleur. Vous ne m'avez rien trouvé pour la Sainte-Eulalie, et je crois avoir oublié de vous rappeler cette importante affaire. Plus de mouchoirs, plus de boîtes, tout a été donné en ce genre depuis vingt ans. En cas d'extrémité, on pourrait encore revenir aux broches : mais, s'il était possible de trouver quelque chose de plus nouveau, cela vaudrait mieux. Je continue à compter sur vous pour les livres à mesdemoiselles de Lagrénée. Pensez à toute la responsabilité que vous avez acceptée. Je vous ai toujours reconnue digne de ma confiance. Vos choix de livres pour les jeunes filles ont toujours été trouvés exquis. Quand je repasserai par Marseille, je ferai vos commissions, si vous en avez, en fait de burnous ou d'étoffes de Tunis. J'ai ici un juif très-voleur, mais très-bien pourvu, que j'honore de ma protection. Je viens de voir un arrivant de Cannes qui me dit que les chemins sont atroces. J'ai la chair de poule de partir ce soir et d'être au moins vingt-quatre heures en route. Si vous allez à Florence l'année prochaine, prévenez-moi. C'est mon rêve que de m'y retrouver avec vous. Je vous en ferai les honneurs.

Adieu ; donnez-moi bientôt de vos nouvelles et, contez-moi tout ce qu'on dit à Paris.

CLXXXVIII

Cannes, 7 janvier 1859.

Je suis ici installé tellement quellement. Le temps est froid mais magnifique. Depuis dix heures jusqu'à quatre, le soleil est très-chaud ;

mais à peine touche-t-il à la pointe des montagnes de l'Estérel, qu'il s'élève un petit vent des Alpes qui vous coupe en deux. Cependant, je me trouve beaucoup mieux qu'à Paris. Je n'ai pas eu de spasmes, et le rhume que j'avais emporté s'est guéri au grand air; seulement, je ne mange pas du tout et je dors très-médiocrement. J'ai fait l'autre jour un litre de mauvais sang en ma qualité de tempérament nerveux. J'ai dû mettre mon domestique à la porte et le faire partir sur-le-champ. Ces sortes d'individus-là s'imaginent être nécessaires et abusent de votre patience. J'ai trouvé ici un gamin de Nice qui brosse mes habits et qui est comme un chat chaussé de coquilles de noix sur la glace. Je voudrais bien découvrir un trésor comme j'en ai vu quelquefois, surtout en Angleterre : quelqu'un qui me comprît sans que j'eusse besoin de parler.

Il y a ici grande quantité d'Anglais. J'ai dîné avant-hier chez lord Brougham avec je ne sais combien de miss, fraîchement arrivées d'Écosse, à qui la vue du soleil paraissait causer une grande surprise. Si j'avais le talent de décrire les costumes, je vous amuserais avec ceux de ces dames. Vous n'avez jamais rien vu de pareil depuis l'invention de la crinoline.

Je lis ici les *Mémoires de Catherine II,* que je vous prêterai à mon retour. C'est très-singulier comme peinture de mœurs. Cela et les *Mémoires de la margrave de Baireuth* donnent une étrange idée des gens du xviii° siècle et surtout des cours de ce temps-là. Catherine II, lorsqu'elle était mariée au grand-duc qui fut depuis Pierre III, avait une quantité de diamants et de belles robes de brocart, et, pour se loger, une chambre servant de passage à celle de ses femmes, qui, au nombre de dix-sept, couchaient dans une seule autre chambre à côté de la reine. Il n'y a pas aujourd'hui une femme d'épicier qui ne vive plus confortablement que ne faisaient les impératrices d'il y a cent ans. Malheureusement, les *Mémoires de Catherine* s'arrêtent au plus beau moment, avant la mort d'Élisabeth. Cependant, elle en dit assez pour donner les plus fortes raisons de croire que Paul Ier était le fils d'un prince Soltikof. Ce qu'il y a de curieux, c'est que le manuscrit où elle conte toutes ces belles choses était adressé par elle à son fils, le même Paul Ier. J'ai appris que vous aviez fidèlement exécuté ma commission de livres. J'en ai même reçu des compliments d'Olga, qui paraît enchantée de son lot. Il y a un livre où il est question de *Gems of poetry* (?) qui a produit grand effet. Je vous transmets ces éloges. Je voudrais bien que votre fertile imagination ne s'arrêtât pas sur ce succès et qu'elle me trouvât quelque chose pour ma cousine Sainte-Eulalie.

Adieu, chère amie; je voudrais vous envoyer un peu de mon soleil. Soignez-vous bien et pensez à moi. Le prigadiou se porte à merveille. Il s'est remis à manger, après son jeûne de six semaines. Il a dévoré trois mouches le jour de son arrivée à Cannes. A présent, il est devenu si difficile, qu'il ne leur mange plus que la tête. Adieu encore. . . . .

CLXXXIX

Cannes, 22 janvier 1859, au soir.

Merveilleux clair de lune, pas un nuage, la

mer unie comme une glace, point de vent. Il a fait chaud comme en juin, de dix heures à cinq. Plus je vais, plus je suis convaincu que c'est la lumière qui me fait du bien, plus que la chaleur et le mouvement. Nous avons eu un jour de pluie et le lendemain un ciel sombre et menaçant. J'ai eu des spasmes horribles. Aussitôt que le soleil est revenu, j'étais Richard Again. — Comment vous portez-vous, chère amie ? Les dîners des Rois et ceux du Carnaval vous engraissent-ils beaucoup ? Pour moi, je ne mange pas du tout. J'ai cependant un de mes amis qui est venu de Paris tout exprès pour me voir et qui trouve mes vivres très-bons. Nous n'avons que des poissons fort extraordinaires de mine, du mouton et des bécasses. Croyez que Cannes se civilise beaucoup ; trop même. On travaille activement à détruire une de mes plus jolies promenades, les rochers près de la Napoule, pour y faire passer le chemin de ler. Quand il sera établi, nous pourrons en profiter comme de celui de Bellevue ; mais Cannes deviendra la proie des Marseillais et tout son pittoresque sera perdu. Connaissez-vous une bête qu'on nomme bernard-l'ermite ? C'est un très-petit homard, gros comme une sauterelle, qui a une queue sans écailles. Il prend la coquille qui convient à sa queue, l'y fourre et se promène ainsi au bord de la mer. Hier, j'en ai trouvé un dont j'ai cassé la coquille très-proprement sans écraser l'animal, puis je l'ai mis dans un plat d'eau de mer. Il y faisait la plus piteuse mine. Un moment après, j'ai mis une coquille vide dans le plat. La petite bête s'en est approchée, a tourné autour, puis a levé une patte en l'air, évidemment pour mesurer la hauteur de la coquille. Après avoir médité une demi-minute, il a mis une de ses pinces dans la coquille pour s'assurer qu'elle était bien vide. Alors, il l'a saisie avec ses deux pattes de devant et a fait en l'air une culbute de façon que la coquille reçût sa queue... Elle y est entrée. Aussitôt il s'est promené dans le plat, de l'air assuré d'un homme qui sort d'un magasin de confection avec un habit neuf. J'ai rarement vu des animaux faire un raisonnement aussi évident que celui-ci. — Vous comprenez bien que je me livre tout entier à l'étude de la nature. Outre l'observation des bêtes (j'aurai aussi l'histoire d'une chèvre à vous raconter), je fais des paysages tous plus beaux les uns que les autres. Malheureusement, il y a ici un collègue qui m'a escamoté mes deux meilleurs ouvrages. Mon ami, qui est peintre plus véritable que moi, est dans une perpétuelle admiration de ce pays-ci. Nous passons nos journées à faire des croquis. Nous rentrons à la nuit, éreintés, et je n'ai pas le courage d'écrire. Cependant, j'ai fait un article sur le *Dictionnaire du mobilier* de Viollet-le-Duc, que je vais envoyer avec cette lettre. Je voudrais que vous le lussiez. Il est très-court, mais il y a, je crois, une idée ou deux. Vous ai-je dit que mon ami Augier veut faire un grand mélodrame avec *le Faux Démétrius* et que je dois y travailler aussi ? Enfin, j'ai promis à la *Revue des Deux Mondes* un article sur le *Philippe II* de Prescott. Adieu.

CXC

Cannes, 5 février 1859.

— — — . . . .

Il a fait ici mauvais temps pendant deux jours,

ce qui m'a rendu horriblement malade. Je me
suis fait une théorie médicale à mon usage, qui
en vaut une autre : c'est qu'il me faut de la lumière. Dès que le temps est brouillé, je souffre;
lorsqu'il pleut, je suis tout patraque. Enfin, le
soleil est revenu et je suis sur pieds. C'est pendant le mauvais temps que la nouvelle altesse
impériale[1] a passé la mer. Elle était chez nous
(la mer) bruyante en diable et ressemblait à l'Océan. Je pensais à ce que devait souffrir cette
pauvre princesse, mariée de la veille, et embarquée pour la première fois, ayant la perspective
d'un discours de maire en écharpe à son débarquement. Ne trouvez-vous pas qu'il vaut mieux
être bourgeois à Paris? Je voudrais l'être à
Cannes. Ma maison est en avant de l'hôtel de la
Poste. Mes fenêtres donnent sur la mer et je vois
les îles de mon lit. Cela est délicieux. J'ai une
trentaine de croquis plus ou moins mauvais, mais
qui m'ont amusé à faire. Vous en aurez plusieurs
à votre choix, si vous choisissez bien, sinon au
mien. Les amandiers sont en fleurs dans tous les

1. La princesse Clotilde venait d'épouser le prince Napoléon.

environs; mais l'hiver a été si rigoureux et l'été
si sec, que les jasmins sont presque tous brûlés.
Si vous voulez de la cassie, vous n'avez qu'à parler. J'ai corrigé hier l'épreuve de la tartine dont
je vous ai parlé. Quant à *Démétrius*, je n'y pense
pas du tout, et il fallait votre lettre pour me rappeler que j'y avais pensé. Un collègue est très-utile
en ce qu'il sait d'abord les ficelles du métier, et, en
outre, qu'il peut parler avec les acteurs et autres
gens de mauvaise compagnie que ma sublimité ne
peut pas voir. J'ai reçu ce matin une lettre d'un
M. Bayle, de Grasse, qui est mon admirateur,
qui a vingt-deux ans, et qui me demande la permission de me lire plusieurs ouvrages de sa com-
position. Comprenez-vous une tuile pareille quand
on se croit à l'abri de toute littérature? J'ai eu un
autre malheur. Mon prigadiou est mort subitement
pendant le mauvais temps qu'il a fait. Je songe à
lui élever un monument sur le rocher où je l'ai
trouvé. Je poursuis mes expériences sur les bernard-l'ermite. Je vous assure que l'étude de
l'instinct chez les bêtes est très-amusante. J'ai
encore un chien qui est à mon domestique provi-
soire et qui s'est attaché à moi. Il entend tout ce

qu'on dit, même en français, et il a pris son maître en mépris depuis qu'il le voit me servir. Je voudrais que vous lussiez *César* d'Ampère, qui vient de paraître. Il se pourrait que je fusse obligé d'en parler, et, comme on le dit en alexandrins, cela m'effraye. J'aimerais à prendre votre opinion toute faite, je n'ai jamais pu mordre aux vers. Je commence à compter les jours. Le mois ne se passera pas, j'espère, sans que je vous revoie. Je soupçonne que vous ne regrettez pas à Paris l'air des montagnes ni les gigots de chamois. Quant à moi, je vis de l'air du temps. Je ne dors pas non plus, mais j'ai les jambes bonnes, je grimpe sans trop étouffer. Adieu ; écrivez-moi encore une fois et dites-moi des nouvelles ou des nouveautés de Paris. Je suis si rouillé, que je lis les feuilletons des Mormons ; il faut aller à Cannes pour cela.

Adieu encore.

CXCI

Paris, 24 mars 1859.

Étiez-vous libre aujourd'hui ? J'ai la douleur

d'avoir cru être pris toute la journée, ce qui m'a empêché de vous écrire et de vous demander de nous voir, et, au dernier moment, de me trouver parfaitement libre, avec l'ennui que vous pouvez imaginer. . . . .

Je suis content que cette tartine sur M. Prescott vous ait plu. Je n'en suis pas trop content, parce que je n'ai dit que la moitié de ce que je voulais dire, selon l'aphorisme de Philippe II, qu'il ne faut dire que du bien des morts. L'ouvrage est au fond assez médiocre et très-peu divertissant. Il me semble que, si l'auteur eût été moins Yankee, il aurait pu faire quelque chose de mieux. . . . .

CXCII

Paris, 23 avril 1859.

. . . .

Je suis tout malade des nouvelles, bien qu'elles ne m'aient pas surpris[1]. Maintenant, tout est livré

---

1. La guerre d'Italie.

au hasard. Je suppose que votre frère est à faire ses paquets. Je lui souhaite tout le bonheur possible. Je suppose que la guerre sera assez chaude d'abord, mais pas longue. L'état financier de tout le monde ne permet pas de la faire durer. Hier, en me promenant dans les bois, où il y a une prodigieuse quantité d'oiseaux, il me semblait étrange que, par ce temps-là, on s'amusât à se battre. J'espère que les *Mémoires de Catherine* vous sont agréables. Cela a un parfum de couleur locale qui me plaît fort. Quelle drôle de chose qu'une grande dame de ce temps, et comme il résulte clairement de ce récit qu'il n'y avait que l'étranglement qui pût remédier à un animal comme Pierre III. On m'a donné à lire un roman de lady Georgina Fullerton, écrit en français, pour que je note les passages qui laissent à désirer. Il n'est question que de paysans béarnais qui mangent des tartines et des œufs pochés, et qui vendent trente francs un panier de pêches. C'est comme si je voulais écrire une nouvelle chinoise. Vous devriez bien prendre cela et me faire des corrections pour ma peine de vous prêter tant de livres que vous ne m'avez jamais rendus. Je suis allé hier à l'Exposition, qui m'a semblé d'un médiocre désespérant. L'art tend à un nivellement qui est au fond la platitude.. * * * * * *

CXCIII

Paris, jeudi 28 avril 1859.

J'ai reçu votre lettre hier au soir. Je suppose que vous vous arrêterez à ***. Ce serait folie d'aller plus loin. Je ne vous dirai pas tout ce que vous savez de la part que je prends à vos peines. Quand on est la sœur d'un militaire, il faut se faire aux émotions du canon. Au reste, depuis hier soir, on est plus à la paix qu'on ne l'était il y a quelques jours. Il paraît même qu'il y a des chances de l'acceptation, par l'Autriche, de l'arbitrage offert par l'Angleterre et même par nous. Cependant, il part beaucoup de troupes, et il y a déjà deux divisions à Gênes, débarquées sous une pluie de fleurs. Je crois à la guerre toutefois. Je ne crois pas qu'elle soit longue, et j'espère qu'après un premier choc toute l'Europe se mettra entre les parties belligérantes. L'Autriche, d'ailleurs, n'a pas le moyen de soutenir longtemps la lutte, faute d'argent, et bien des gens pensent que son coup de tête n'a pour but principal qu'un prétexte pour faire banqueroute. Il me semble que l'opinion ici est meilleure qu'elle ne l'était. Le peuple est très-belliqueux et très-confiant. Les soldats sont très-gais et remplis d'assurance. Les zouaves sont partis après avoir découché et disparu de leurs casernes pendant huit jours, disant qu'en temps de guerre il n'y avait plus de salle de police. Le jour du départ, pas un homme ne manquait. Il y a dans notre armée une gaieté et un entrain qui manquent absolument aux Autrichiens. Quelque peu optimiste que je sois, j'ai bonne confiance dans notre succès. Notre vieille réputation est si bien établie partout, que ceux qui se battent contre nous n'y vont pas de bon cœur. N'employez pas votre imagination à vous faire des romans tragiques. Croyez qu'il y a très-peu de balles qui portent et que la guerre que nous allons faire donnera à votre frère de très-bons moments. Ne dites pas à votre belle-sœur que les belles dames italiennes vont se jeter à la tête de nos gens. Tenez pour certain qu'ils seront choyés, qu'ils mangeront des *macaroni stupendi*, tandis que les Autrichiens pourront trouver quelquefois du vert-de-gris dans leur soupe. Si j'avais l'âge de votre frère, une campagne en Italie serait pour moi la plus agréable manière de voir un des spectacles toujours beaux, le réveil d'un peuple opprimé.

Adieu, chère amie; donnez-moi promptement de vos nouvelles et tenez-moi au courant de vos projets.

CXCIV

Paris, 7 mai 1859.

Je ne vous ai pas répondu tout de suite, parce que je m'attendais à recevoir de vous une nouvelle adresse. Je ne puis croire que vous soyez encore à ***; mais j'espère que cette lettre vous rattrapera quelque part, fût-ce à Turin, si vous êtes allée jusque-là. Maintenant que la guerre est déclarée, figurez-vous bien que tous les coups de canon ne portent pas, et qu'il y a beaucoup de place en haut et à côté d'un homme. Si vous avez lu *Tristram Shandy*, vous aurez vu que chaque balle a son billet, et, heureusement, la plupart ont le leur pour tomber à terre. Votre frère reviendra avec de la graine d'épinards, et fera la plus belle campagne qu'on ait faite depuis la Révolution et le général Bonaparte. Je regrette qu'il ne soit pas là en personne ; ce serait une assez grande sécurité. Pourtant, en pesant le pour et le contre, les apparences sont plutôt en notre faveur. Si, comme je le suppose, nous avons quelques succès en commençant, selon l'usage de la *furia francese*, il est à croire que toute l'Europe fera des efforts inouïs pour arrêter les hostilités. L'Autriche, qui est déjà à bout de ressources et prête à faire banqueroute, ne se fera peut-être pas trop tirer l'oreille, et probablement, de notre côté, il y aura de la modération. Si la guerre se prolongeait, elle deviendrait une guerre de révolution, et alors ferait le tour du globe. Mais cela me paraît beaucoup plus improbable que l'autre chance.

Si vous voulez savoir des nouvelles, on est assez surpris des noms des nouveaux ministres;

on leur cherche une signification et on n'en trouve pas. Les Anglais se calment beaucoup ; les Allemands beaucoup moins. Je crains bien plus les premiers que les autres. On parle toujours de l'alliance russe ; je n'y crois nullement ; les Russes n'ont rien à perdre dans la querelle, et, de quelque façon que cela tourne, ils trouveront toujours leur avantage. En attendant, ils s'amusent à faire des intrigues panslavistes parmi les sujets autrichiens, qui regardent l'empereur Alexandre comme leur pape. Le général Klapka est parti de Paris, il y a trois semaines, pour aller fonder une banque à Constantinople. Plusieurs autres officiers hongrois ont pris le même chemin ; ce qui me semble un assez mauvais signe. Une révolution en Hongrie n'est pas impossible ; mais je crois qu'il y aurait pour nous plus de mal que de bien.

Rien de nouveau de la guerre. Les Autrichiens ont l'air un peu honteux et modestes. On s'attend à ce que, avant la fin du mois, il y ait une affaire. Nos gens sont très-dispos et d'un entrain admirable. Ici, le peuple et les petits marchands sont belliqueux. La grande masse prend un vif intérêt à la crise et fait des vœux pour nos succès. Les salons, et particulièrement les orléanistes, sont parfaitement antifrançais et, de plus, archifous. Ils s'imaginent qu'ils reviendront sur l'eau et que leurs burgraves reprendront le fil de leurs discours interrompus en 1848. Pauvres gens qui ne voient pas qu'après ceci, il n'y a plus que la république, l'anarchie et le partage.

Je voudrais bien être au courant de vos projets. Il me semble que c'est à Paris que vous serez au centre des nouvelles, et, dans un temps comme celui-ci, cela est essentiel. Je crois que, pour cette raison, je n'irai pas en Espagne ; je m'y mangerais les ongles jusqu'au coude en attendant les dépêches.

Si vous êtes allée jusqu'à ***, ce qui me paraîtrait peu raisonnable, je ne doute pas que vous ne reveniez bientôt. Au milieu de toutes vos tribulations, pensez-vous à une retraite de quelques jours au milieu d'une oasis?

Vous et moi, nous aurions grand besoin, ce me semble, de nous reposer quelques jours, en attendant que nous ayons à subir des émotions guerrières. Rien ne vous serait plus facile dans ce moment, si vous vouliez faire cette bonne action. Pourvu que vous m'en donniez avis un peu à l'avance, je serais prêt à vous ramener ici ou ailleurs, partout où vous voudriez ; je trouverais moyen de disposer d'une semaine. Veuillez examiner la question avec impartialité et me faire connaître votre décision ; je l'attends en très-grande impatience.

Adieu, chère amie ; ayez bon courage. Ne vous bâtissez pas des fantômes et ayez de la confiance Je vous embrasse bien tendrement, comme je vous aime.

CXCV

Paris 19 mai 1859.

Il me semble qu'à votre place je serais à Paris, car c'est là qu'arrivent toutes les nouvelles. Pour moi, je cours après toute la journée. L'emprunt a été souscrit non pour cinq cents millions, mais pour deux milliards trois cent mille francs, outre quelques villes dont on ne sait pas le chiffre. On a enrôlé depuis vingt-cinq jours cinquante-quatre

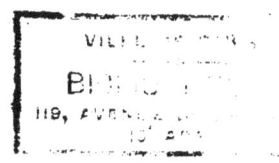

mille volontaires. Tenez ces chiffres pour certains. Les Autrichiens se retirent et les paris sont ouverts sur la question de savoir s'ils livreront bataille avant de lâcher Milan, ou s'ils iront tout d'une traite se concentrer dans le triangle formé par Mantoue, Vérone et Peschiera. Nos officiers se louent beaucoup de l'accueil qu'on leur fait. L'Allemagne hurle contre nous. C'est un mouvement comme en 1813. Les uns disent que c'est de la haine de bon aloi, d'autres qu'il y a là-dessous une certaine quantité de libéralisme rouge qui prend aujourd'hui la forme teutonique. Les Russes font de grands armements, qui donnent à réfléchir à tout le monde. Il y a une grande-duchesse Catherine qui vient faire une visite à l'impératrice : dans cela, il y a du bon et du mal. La Russie est un allié terrible qui mangerait bien l'Allemagne, mais qui nous procurerait l'inimitié et peut-être l'hostilité de l'Angleterre. Nous avons si longtemps vécu d'une vie de sybarites, que nous avons désappris les émotions de nos pères. Il faudra en revenir à leur philosophie. On dansait à Paris tandis qu'on se battait en Allemagne, et cela a duré plus de vingt ans ! Maintenant, les guerres ne peuvent plus durer longtemps, parce que les révolutions s'en mêlent et parce qu'elles coûtent trop d'argent. C'est pourquoi, si j'étais jeune, je me ferais soldat. — Mais laissons ce vilain sujet. Le malheur qui peut arriver ne peut être détourné, et le plus sage est d'y penser le moins possible; c'est pourquoi je désire tant me promener avec vous loin de la guerre, à ne penser qu'aux feuilles et aux fleurs qui poussent, et à d'autres choses non moins agréables. Quoi qu'il puisse arriver, n'est-ce pas le parti le plus raisonnable? Si vous avez lu Boccace, vous aurez vu qu'après tous les grands malheurs, on en vient là. Ne vaut-il pas mieux commencer? Les grandes vérités et les choses les plus raisonnables ne trouvent pas tout de suite accès dans votre tête. Je me rappellerai toujours votre étonnement lorsque je vous dis qu'il y avait des bois dans les environs de Paris.— J'ai dîné chez un Chinois qui m'a offert un pipe d'opium. J'avais des étouffements; à la troisième bouffée, j'ai été guéri. Un Russe, qui a essayé l'opium après moi, a changé complétement de physionomie en moins de dix minutes : de très-laid, il est devenu vraiment beau.

Cela lui a duré un bon quart d'heure. N'est-ce pas quelque chose de singulier que ce pouvoir donné à quelques gouttes d'un suc de pavot?

Adieu; répondez-moi vite.

CXCVI

Paris, 28 mai 1859.

Vous avez une manière à vous d'annoncer les mauvaises nouvelles qui me fait enrager. Vous avez grand soin, peut-être pour les faire mieux passer, de dire tout ce que vous auriez fait, *si!* C'est comme l'histoire du cheval de Roland, qui avait toutes les qualités, mais qui était mort. S'il n'avait pas été mort, il aurait couru plus vite que le vent. Je trouve ce genre de plaisanterie très-mauvais : premièrement, parce que votre bonne volonté m'est suspecte; ensuite, parce que je suis bien assez contrarié de vous savoir si loin, sans avoir à regretter encore toutes les heures que j'aurais pu passer avec vous. Votre retour, probablement, n'est pas très-éloigné. En attendant, tenez-moi aū courant de vos actions et de vos projets, car il est impossible que vous n'en fassiez pas de toutes les couleurs.

Point de nouvelles. On nous dit qu'il ne faut pas en attendre avant une douzaine de jours. L'Allemagne est toujours en grande fermentation; mais il y a apparence qu'il en résultera plus de bierre bue que de sang versé. La Prusse résiste tant qu'elle peut à la pression des *Franzosenfresser*. Ils disent maintenant qu'il faut reprendre non-seulement l'Alsace, mais encore les provinces allemandes de la Russie. Cette dernière facétie semble indiquer que le mouvement d'enthousiasme teutonique n'est ni réfléchi ni sérieux. M. Yvan Tourguenief, qui vient d'arriver à Paris, de Moscou en droite ligne, dit que toute la Russie fait des vœux pour nous, et que l'armée serait charmée d'avoir affaire aux Autrichiens. Les popes prêchent que Dieu va les punir des persécutions qu'ils font aux Grecs orthodoxes de race slave, et on ouvre des souscriptions pour envoyer aux Croates des Bibles slavonnes et des *tracts*, pour les préserver de l'hérésie papiste. Cela ressemble un peu à une propagande politique du panslavisme.

Une grande attaque contre le ministère Derby s'organise en ce moment. Lord Palmerston et lord John seraient réconciliés (fait assez peu probable), ou, ce qui le paraîtrait davantage, seraient d'accord pour la destruction du cabinet actuel. Les radicaux s'engagent à les seconder. Les *whigs* prétendent alors avoir 350 voix contre 280. De quelque façon que la chose tourne, je ne crois pas que nous ayons beaucoup à gagner à un changement. Lord Palmerston, bien que le premier promoteur de l'agitation italienne, ne la soutiendra pas plus que lord Derby. Seulement, il ne ménagera peut-être pas autant l'Autriche, et ne cherchera pas à nous créer des embarras.

Je reçois une lettre de Livourne. Nous sommes entrés sous une pluie de fleurs et de *poudre d'or* que les dames jetaient des fenêtres.

Adieu ; écrivez-moi bientôt, raisonnablement, sans diplomatie. Je tiens beaucoup à savoir ce que vous ferez, car cela influera sur mes propres projets.

CXCVII

Paris, 11 juin 1859.

• • • • • • • • • • • • •

Je ne compte pas bouger de la grande ville. Si votre frère est toujours à la tête d'une batterie de siége, je ne crois pas qu'il quitte Grenoble avant que les Autrichiens soient rejetés dans leur fameux triangle ou rectangle, je ne sais lequel. Selon les militaires, la chose n'aura lieu qu'après une autre bataille vers Lodi, car il paraît qu'il y a des lieux qui ont le privilége d'attirer les armées. Mais je crois que personne n'entend encore la guerre avec les chemins de fer, les lignes télégraphiques et les canons rayés. Je ne crois plus à rien et je meurs d'inquiétude. Les grands politiques, burgraves et autres, gens aussi bêtes que les anciens militaires, annoncent que toute l'Europe se dispose à intervenir suppliante et menaçante, entre l'Adda et le Mincio. C'est très-probable, en effet; mais je ne vois pas trop comment cela peut

arranger les choses. Après la fameuse phrase *Sin all'Adriatico,* comment laisser l'Italie à moitié délivrée? comment peut-on espérer qu'un empereur de vingt-quatre ans, têtu et gouverné par les jésuites, battu de plus, et de mauvaise humeur, confesse qu'il a fait des sottises et qu'il demande pardon! Les Italiens, de leur côté, qui, jusqu'à présent, ont été sages, ne feraient-ils pas toutes les folies imaginables pendant les négociations? Si nous avons toute l'Europe sur le dos, comment nous en tirer sans avoir recours à la garde à carreau qui est la Révolution à répandre partout, supposé qu'on l'accepte de notre main? Il paraît que l'Autriche veut envoyer en Italie son dernier soldat. Tout cela est bien noir, fort peu rassurant, mais c'est une raison de plus pour que nous prenions des forces et du courage pour les malheurs qui peuvent arriver. . . . .
. . . .

Je pense à ce temps si chaud et aux feuilles si vertes. J'étais en Suisse l'année passée à cette époque, bien loin d'imaginer tout ce qui est arrivé et tout ce qui arrivera. — Adieu; vous savez que j'attends vos lettres avec impatience. N'oubliez pas d'être précise et claire dans l'exposition de vos projets.

CXCVIII

Paris, 3 juillet.

Pourquoi êtes-vous si longtemps à me donner de vos nouvelles? Comme il me paraît évident que vous ne quitterez pas ***, je meurs d'envie d'aller vous y voir. Nous pourrions arranger avec lady *** une excursion dans les montagnes du Dauphiné. Je vous soumets cette proposition. Vous ne sauriez croire tous les fantômes que je vois depuis que le beau temps est revenu : tantôt ceux d'Abbeville, tantôt ceux de Versailles.

. . . .

On me croit prophète pour avoir annoncé, il y trois jours, que la paix ne se ferait qu'entre les deux empereurs aux dépens des neutres. J'avoue que la dernière partie de la prophétie me paraît quelque peu difficile à réaliser. Elle n'est pas impossible pourtant, et ce serait très-moral, car

Solon a dit que celui qui ne prenait pas part à la guerre civile devait être déclaré ennemi public. Mon pauvre diable de domestique a eu une balle dans la jambe à la bataille de Solferino, avec un os cassé. Comme il écrit neuf jours après la bataille et qu'on ne lui a pas fait l'amputation, j'espère qu'il s'en tirera. On est en pleurs dans ma maison et je ne sais comment on me donnera à manger. Je suis, d'ailleurs, assez souffrant. Je dors très-mal et j'étouffe souvent. Je m'ennuie fort de vous, pour me servir de votre style.

Adieu.

CXCIX

Paris, mardi soir, 20 juillet 1859.

Vous seule me faites prendre la paix en bonne part. Peut-être était-elle nécessaire; mais il ne fallait pas commencer si bien pour finir par établir un gâchis pire que ce qu'il y avait auparavant. A tout prendre, que nous importe la liberté d'un tas de fumistes et de musiciens? Ce soir, nous avons entendu ce que vous lirez dans *le Moni-*

teur[1]. Cela a été bien dit, avec un grand air, un air de franchise et de bonne foi. Il y a du bon et du vrai. Les officiers qui reviennent disent que les Italiens sont des braillards et des poltrons, que les Piémontais seuls se battent, mais qu'ils prétendent que nous les génions, et que, sans nous, ils eussent mieux fait.

L'impératrice m'a demandé, en espagnol, comment je trouvais le discours; d'où je conclus qu'elle en était en peine. J'ai répondu, pour concilier la courtisanerie et la franchise : *Muy necesario*. Au fond, il m'a plu, et il est d'un galant homme de dire : « Croyez-vous qu'il ne m'en a pas coûté, etc., etc. »

Quand je vous fais une proposition, je suis toujours très-sérieux. Tout dépend de vous. On m'invite à aller en Écosse et en Angleterre. Si vous revenez à Paris, je ne bougerai pas. Je vous en aurai une obligation extraordinaire, et, si vous vous doutiez du plaisir que vous me feriez, j'aime à croire que vous n'hésiteriez pas. Enfin, j'attends votre dernier mot. — Ce matin, j'ai eu une peur

1. Le discours de l'empereur, au retour d'Italie.

horrible. Il est venu chez moi un homme habillé de noir, l'air fort convenable, pourvu de linge blanc et de la figure la plus belle et la plus noble du monde, se disant avocat. Dès qu'il a été assis, il m'a dit que Dieu l'inspirait, qu'il en était l'indigne instrument et qu'il lui obéissait en tout. On l'avait accusé d'avoir voulu tuer son portier, un poignard à la main; mais c'était seulement un crucifix qu'il avait montré. Ce diable d'homme roulait des yeux terribles et me faisait subir une vraie fascination. Tout en parlant, il mettait continuellement la main dans la poche de sa redingote, et je m'attendais à l'en voir retirer un poignard. Par malheur, il n'avait qu'à en choisir un sur ma table. Je n'avais qu'une pipe turque, et je calculais le moment où la prudence voudrait que je la lui cassasse sur le chef. Enfin, il a sorti de cette terrible poche un chapelet. Il s'est mis à mes genoux. J'ai gardé un sang-froid glacial, mais j'avais peur, car que faire à un fou? Il est parti me faisant beaucoup d'excuses et me remerciant de l'intérêt que je lui avais témoigné. Malgré ma peur, qui tenait au brillant des yeux de l'animal, tout à fait terribles, je vous jure, et pénétrants, j'ai fait une observation curieuse. Je lui ai demandé s'il était bien sûr d'être inspiré et s'il avait fait quelque expérience pour s'en assurer. Je lui ai rappelé que Gédéon, appelé par Dieu, avait pris ses sûretés et exigé quelques petits miracles. « Savez-vous le russe? lui dis-je. — Non. — Bien; je vais écrire en russe deux phrases sur des morceaux de papier. Une de ces phrases sera une impiété. Suivant ce que vous dites, un de ces morceaux de papier vous causera de l'horreur. Voulez-vous essayer? » Il a accepté. J'ai écrit. Il s'est mis à genoux et a fait une prière; puis, tout d'un coup, il m'a dit : « Mon Dieu ne veut pas accepter une expérience frivole. Il faudrait qu'il s'agît d'un grand intérêt. » N'admirez-vous pas la prudence de ce pauvre fou qui craignait, à son insu, que l'expérience ne tournât pas bien!

Adieu; j'attends une prompte réponse.

CC

Paris, 21 juillet 1859.

Ma lettre d'hier s'est croisée avec la vôtre. C'est-à-dire, ce n'était pas une lettre que ce que vous m'avez envoyé, mais une papillote très-inconvenante. J'imagine sans peine la vie très-dissipée que vous menez là-bas, maintenant que vous êtes rassurée sur votre frère. Je suis très-souffrant, à cause de l'horrible chaleur et du manque absolu de sommeil et d'appétit. Je ne doute pas que, sous ces deux rapports, vous ne soyez très-avantageusement partagée. Il me semble parfois que je marche à grands pas vers le monument. Cette idée est quelquefois assez importune et je voudrais bien m'en distraire. C'est une des raisons pour lesquelles je désirerais tant vous voir. Vous recevrez mes deux lettres à la fois. J'espère que vous y ferez une réponse catégorique et formelle.

Je lis les *Lettres de madame du Deffand,* qui

vous amuseront fort. C'est la peinture d'une société très-aimable, pas trop frivole, beaucoup moins qu'on ne le croit généralement. Ce qui me frappe, comme très-différent de l'époque présente, c'est d'abord l'envie de plaire, qui est générale, et les frais que chacun se croit obligé de faire. En second lieu, c'est la sincérité et la fidélité des affections. C'étaient des gens beaucoup plus aimables que nous, et surtout que vous, que je n'aime plus du tout. Adieu; je suis de trop mauvaise humeur aujourd'hui pour vous en écrire davantage. Mes palpitations m'ont repris depuis quelques jours et je suis horriblement nerveux et faible.

CCI

Paris, samedi 30 juillet 1859.

Je resterai à Paris jusqu'au 15 août; après quoi, probablement, j'irai passer quelques jours dans les Highlands. Mais il reste bien entendu que vous aurez la préférence sur tout, et, tel jour que vous m'indiquerez, vous pouvez m'attendre

avec sécurité. Vous voyez que je suis précis; tâchez de l'être un peu dans vos réponses. Il paraît que vous ne pouvez plus vivre sans montagnes et sans forêts séculaires. Je m'imagine que le soleil vous a brunie et engraissée. Je serai, d'ailleurs, bien charmé de vous voir, quelle que vous soyez, et vous pouvez être sûre d'être traitée avec une grande tendresse. Je vois, par vos lettres, que vous passez le temps très-gaiement en promenades et divertissements de tout genre. Je cherche à deviner quel peut-être le mérite relatif d'un habitant du Pas-de-Calais ou d'un Grenoblois. Tout considéré, je pencherais pour le premier, parce qu'il fait moins de bruit et qu'il n'a jamais eu de parlement pour lui persuader qu'il avait de l'esprit et qu'il avait une importance politique. J'ai connu cependant deux Grenoblois hommes d'esprit, mais ils avaient passé leur vie à Paris. Je n'ai aucune idée de ce que peuvent être les femmes. Il n'y a pas assez longtemps que j'ai renoncé aux peintures du cœur humain pour ne pas prendre intérêt à l'état des esprits au temps présent. . . . .
. . . .

A UNE INCONNUE.

Je suis toujours malade et quelquefois je soupçonne que je suis sur le grand railway menant outre-tombe. Tantôt cette idée m'est très-pénible, tantôt j'y trouve la consolation qu'on éprouve en chemin de fer : c'est l'absence de responsabilité devant une force supérieure et irrésistible. . . . .
. . . .

CCII

Paris, 12 août 1859.

. . . .
Je vous ferai une visite avant la fin de ce mois. Très-probablement je ferai une excursion en Angleterre avant d'aller en Espagne. Je ne sais même pas trop si j'irai en Espagne. On dit que le choléra y est en ce moment, ce qui chassera sans doute les amis que je voulais voir. Dites-moi donc à quelle époque je puis vous aller voir vous-même? Quand vous voulez que les négociations durent, vous êtes plus habile que les diplomates autrichiens à trouver des moyens dilatoires. Répondez-

moi vite. Il est bien entendu que je comprendrai toujours les bonnes raisons, les objections raisonnables ; mais, alors, qu'on me les dise avec netteté et franchise. Vous pensez bien que, toutes les fois qu'il s'agirait de choisir entre un très-grand bonheur pour moi et le plus petit inconvénient pour vous, je n'hésiterais jamais. Je vous ai dit que je lis les *Lettres de madame du Deffand*[1], les nouvelles. Elles sont très-amusantes et donnent, je crois, une assez bonne idée de la société de son temps. Mais il y a beaucoup de rabâchage. Vous lirez cela, si vous voulez.

Adieu.

CCIII

Paris, samedi 3 septembre 1859.

Je crains fort que nous ne nous rencontrions plus cette année de ce côté-ci de l'Achéron, et je ne veux pas partir sans vous dire adieu et vous informer un peu de mes pérégrinations. Je pars

---

1. Les dernières *Lettres de madame du Deffand*, qui venaient de paraître.

lundi, c'est-à-dire après-demain, pour Tarbes, où je resterai probablement jusqu'au 12, ou peut-être jusqu'au 15. Je reviendrai à Paris pour quelques jours et je repartirai bientôt après pour l'Espagne. Si je croyais aux pressentiments, je ne passerais pas les Pyrénées ; mais il n'y a plus à reculer, il faut que je fasse ma visite, qui sera probablement la dernière, à Madrid. Je suis trop vieux et trop souffrant pour faire encore une fois une expédition semblable. Si je ne me faisais une affaire de conscience d'aller dire adieu à de très-bons amis, je ne bougerais pas de mon trou. Sans être malade, je suis si nerveux, que c'est pire qu'une maladie ; je ne dors ni ne mange et j'ai les *blue devils*. Ce qui me console, c'est que vous vous amusez beaucoup et que vous engraissez à vue d'œil parmi vos montagnes et vos provinciaux.

J'ai fait venir de Londres les *Mémoires de la princesse Daschkoff*, et je ne suis pas encore bien consolé des trente francs qu'ils m'ont coûté. On me promet pour mon retour de Tarbes un roman écrit en dialecte petit-russien et traduit en russe par M. Tourguenieff. C'est, dit-on, un chef-d'œuvre très-supérieur à *l'Oncle Tom*. Il y a encore les *Lettres de la princesse des Ursins*, qu'on me vante beaucoup. Mais j'ai cette femme en horreur et je n'en veux pas. En fait de livres lisibles, je ne sais rien de neuf; j'en ai essayé beaucoup pour passer les soirées de solitude, et je trouve qu'il n'y en a pas qui vaillent la peine qu'on les coupe. J'ai rencontré M. About l'autre jour, il est toujours charmant. Il m'a promis quelque chose. Il demeure à Saverne et passe sa vie dans les bois. Il y a un mois, il a rencontré un animal très-singulier, qui marchait à quatre pattes dans un habit noir, avec des bottes vernies sans semelles; c'était un professeur de rhétorique d'Angoulême qui, ayant eu des malheurs conjugaux, était allé jouer à Bade, avait perdu tout en très-peu de temps, et, retournant en France par les bois, s'était perdu et n'avait pas mangé depuis huit jours. About l'a porté ou traîné jusqu'à un village où on lui a donné du linge et à boire, ce qui ne l'a pas empêché de mourir au bout de huit jours. Il paraît que, lorsque l'animal-homme a vécu pendant quelque temps dans la solitude et qu'il est arrivé à un certain état de délabrement physique, il paraît, dis-je, que ce chef-d'œuvre marche à quatre pattes. About assure que cela fait un très-vilain animal. — Écrivez-moi chez M. le ministre d'État, à Tarbes.

Adieu. J'espère que l'automne s'annonce pour vous plus humainement que pour moi. Froid et pluie avec beaucoup d'électricité dans l'air. Soignez-vous, mangez et dormez, puisque vous le pouvez.

CCIV

Paris, 15 septembre 1859.

J'aurais voulu vous écrire de Tarbes aussitôt après avoir reçu votre lettre, mais j'ai été toujours en course et en agitation. D'abord est venue une lettre de Saint-Sauveur, où il m'a fallu aller passer un jour, et, le lendemain, on m'a rendu ma visite, chez M. Fould[1]; en conséquence de quoi, il y a eu grand remue-ménage, et madame Fould a improvisé dîner et déjeuner, ce qui n'est pas une

1. Visite de l'empereur et de l'impératrice.

petite affaire dans une ville comme celle que je viens de quitter. En outre, comme il fallait loger huit personnes, j'ai dû quitter ma chambre ainsi que le fils de la maison, et aller à l'auberge. Au milieu de tout cet auguste tracas, il m'eût été impossible de trouver du papier et une plume dans la maison. Je suis parti le 13 pour aller coucher à Bordeaux et je suis arrivé ici hier au soir, sans autre encombre que d'avoir perdu mes clefs, ce qui, parmi les petites misères, est une des plus considérables. Il me reste l'espoir de les retrouver ou celui de trouver des serruriers. Quant à mon voyage en Espagne, je suis aux ordres d'un de mes amis qui part avec moi. C'est un membre des Cortès, et son établissement s'ouvre le 1er octobre ; très-probablement nous partirons le 25 : je ne sais pas son dernier mot. Nous prendrons le train de Marseille pour aller par mer à Alicante. . .

. . . .

Ce petit voyage aux Pyrénées m'a fait du bien. J'ai pris un bain à Bagnères, qui m'a remis pendant deux jours dans un calme de nerfs extraordinaire et que, depuis vingt ans, je ne connaissais plus. Le médecin que j'ai trouvé là est un de mes anciens amis, qui m'a fort engagé à passer une saison d'eaux l'année prochaine. Il me garantit que j'en sortirai réparé à neuf. J'en doute un peu, mais cela vaut la peine d'essayer.

Leurs Majestés étaient en très-bonne santé et très-belle humeur à Saint-Sauveur; j'ai admiré les natifs, qui avaient le bon goût de ne pas les suivre et de leur laisser la plus complète liberté. L'empereur a acheté là un chien un peu plus gros qu'un âne, de l'ancienne race pyrénéenne. C'est une très-belle bête qui grimpe sur les rochers comme un chamois. Il y avait bien longtemps que je n'avais pratiqué les provinciaux. A Tarbes, ils sont d'une espèce assez tolérable et d'une complaisance extraordinaire. Cependant, je ne conçois pas comment on peut rester avec eux pendant un mois. J'ai mangé beaucoup d'ortolans et de cailles en pâté, ce qui vaut peut-être mieux. Vous ne me parlez jamais de votre santé. Je suppose qu'elle est excellente. Adieu. . . . .
. . . .

Je ne partirai pas sans vous donner de mes nouvelles.

CCV

Paris, 20 septembre 1859.

Il y a certainement un mauvais génie qui se mêle de nos affaires. Je crains de partir sans vous avoir vue. J'avais résolu de quitter Paris le 30, pour être à Bayonne le 1er. Il se trouve qu'aux diligences et à la malle-poste de Madrid, toutes les places sont prises jusqu'au 16 octobre. Il faut donc se résoudre à prendre la voie de mer, c'est-à-dire à partir par les paquebots de Marseille à Alicante. S'il ne survient pas quelque nouvelle anicroche, je serai le 28 au soir à Marseille (mon jour de naissance, par parenthèse), et, le 29, je me mets en route. Bien que vous m'ayez fait cruellement enrager cet été par vos *si* et vos *non*, je vous assure que je suis bien triste de ne pas vous dire adieu. Après avoir été si longtemps sans vous voir, recommencer un autre bail d'absence presque aussi long! Qui sait si, lorsque je reviendrai, vous serez aussi à Paris? Je pars avec toute sorte d'idées noires ; je souhaite que vous en ayez de couleur de rose.

Ma petite course à Tarbes m'a fait du bien. Je suppose que l'air des environs de Madrid achèvera ma guérison. Comme il m'arrive toujours quand je vais faire un voyage, j'ai des velléités de travailler que je n'aurais pas sans doute si je restais ici. J'emporte du papier pour Madrid. — Pensez le 29 de ce mois à moi, qui, selon toute apparence, serai bien malade, tandis que vous conférerez avec votre couturière sur vos robes d'automne. Le golfe de Lyon est toujours abominable, et probablement il sera pire par ce temps d'équinoxe, qui a été créé pour mon malheur. Le bon côté, c'est que, arrivé à Alicante, on trouve un chemin de fer et qu'en un jour on est à Madrid, au lieu d'en passer trois à être cahoté dans les plus mauvaises voitures par les plus dures ornières qu'on puisse imaginer. Il est probable que, pendant mor absence, j'aurai des commissions à vous donner. Au reste, nous avons du temps pour en parler, et je n'aime pas à faire des projets à long terme, surtout avec vous, qui les faites manquer quelquefois, comme vous savez. Vous allez trouver

Paris encore tout à fait vide. Je connais quelques gens qui partent et je n'en connais pas d'autres que vous qui arrivent. Les arbres sont brûlés, les pêches vont finir et le raisin ne vaut rien. Si vous avez eu des ortolans dans votre Dauphiné, vous ne ferez plus de cas du gibier que vous trouverez à Paris. Pour moi, je suis exempt du péché de gourmandise, je n'ai plus jamais faim et je ne fais plus attention à ce que je mange. Je regrette Paris, parce que je vous y aurais vue. C'est sa grande attraction pour moi. Adieu; vous pouvez m'écrire encore ici, j'y serai jusqu'au 27. Je me figure, voyez la vanité! que vous me ferez la surprise d'arriver le 26.

CCVI

Madrid, 21 octobre 1859.

J'ai reçu avec grand bonheur votre petite lettre et surtout votre aimable souvenir. Je suis arrivé ici très-fatigué, non par la mer, qui a été assez bénigne, mais par toute sorte d'ennuis et de petits tracas qui viennent s'accumuler au moment

d'un départ. Votre lettre, qui m'avait précédé à
Madrid, par excès de zèle de la part de mes amis,
s'est perdue quelques jours et il n'a pas été facile
de la faire revenir à bon port. Ici, j'ai trouvé tout
fort changé. Les dames que j'avais laissées minces
comme des fuseaux sont devenues des élé-
phants, car le climat de Madrid est des plus en-
graissants. Attendez-vous à me revoir augmenté
d'un tiers. Cependant, je ne mange guère et je ne
vais pas très-bien ; il fait très-froid, pluie de
temps en temps, rarement du soleil, je passe
presque toutes les journées à Carabanchel. Le
soir, nous allons à l'Opéra, qui est tout ce qu'il
y a de plus pitoyable. Je suis venu ce matin
à Madrid pour assister à une séance académique
et je retourne demain à la campagne. Il me
semble que les mœurs ont changé notablement,
et que la politique et le régime parlementaire
ont singulièrement altéré le pittoresque de la
vieille Espagne. En ce moment, on ne parle que
de guerre. Il s'agit de venger l'honneur national,
et c'est un enthousiasme général qui rappelle les
croisades. On s'est imaginé que les Anglais voient
avec déplaisir l'expédition d'Afrique et même

qu'ils la veulent empêcher. Cela redouble l'ardeur guerrière. Les militaires veulent faire le siége de Gibraltar, après avoir pris Tanger. Cela n'empêche pas qu'on ne spécule beaucoup à la Bourse et que l'amour de l'argent n'ait fait des progrès immenses depuis mon dernier voyage. C'est encore une importation française très-malheureuse pour ce pays-ci. J'ai assisté lundi à un combat de taureaux, qui m'a fort peu amusé. J'ai eu le malheur de connaître trop tôt la beauté parfaite, et, après avoir vu Montès, je ne puis plus regarder ses successeurs dégénérés. Les bêtes ont dégénéré comme les hommes. Les taureaux sont devenus des bœufs, et le spectacle ressemble un peu trop à un abattoir. J'y ai mené mon domestique, qui a eu toutes les émotions d'un débutant, et qui a été deux jours sans pouvoir manger de viande. Ce que j'ai revu avec le même plaisir qu'autrefois, c'est le musée. En revoyant chaque tableau connu, il me semblait retrouver un ancien ami! Ceux-là, du moins, ne changent pas. Je vais aller la semaine prochaine faire une excursion dans la Manche, pour visiter un vieux château de l'impératrice. De là, j'irai à Tolède pour y chercher de vieux livres dans une vente qu'on m'annonce, et je serai de retour à Madrid pour la fin du mois. Je cherche à combiner le moyen de revenir à Paris vers le 15 novembre.

Adieu.

CCVII

Cannes, 3 janvier 1860.

Je vous la souhaite bonne et heureuse. Je voudrais que vous eussiez le temps que j'ai. Je vous écris toutes mes fenêtres ouvertes et cependant, le vent est du nord, assez fort pour donner à la mer de petites vagues très-drôles. Je vous remercie des livres. Il paraît qu'ils ont plu, car j'ai reçu une lettre de compliments d'Olga. Je suppose que, selon mes intentions, vous l'avez favorisée. Le choix pour l'année prochaine sera embarrassant, car vous avez dû épuiser la littérature morale. Je vous écris dans une situation fort peu commode. Il y a trois jours, en dessinant au bord de la mer, j'ai attrapé un lumbago, qui m'est venu comme une bombe, sans dire gare. Je suis tout de travers depuis ce moment, bien que je me frotte de toutes les herbes de la Saint-Jean. Le soleil étant mon grand remède, je m'y rôtis toute la journée. Nous avons ici le baron de Bunsen, avec ses deux filles, l'une et l'autre montées sur des pieds de grue et des chevilles qui ressemblent à la massue d'Hercule, mais il y en a une qui chante très-bien. Il est assez homme d'esprit et il sait les nouvelles, dont vous me tenez trop à court. Il m'a appris la déconfiture du congrès, qui ne m'a guère étonné. J'ai lu la brochure de l'abbé ***, qui m'a paru encore plus maladroite que violente. Il montre tellement le bout de l'oreille, qu'il doit passer pour un enfant terrible à Rome, où ce n'est ni le bon sens ni la finesse qui manquent. Là, les prêtres savent intriguer. Les nôtres ont les instincts tapageurs de la nation, et font tout hors de propos. Sa manière de se retirer dans les catacombes m'a fait bien rire et les airs de martyr qu'il prend à propos d'argent qu'on lui offre ; vous verrez qu'il finira par en demander.

Voici une assez belle histoire de ce pays-ci. Un fermier des environs de Grasse est trouvé mort dans un ravin où il était tombé, ou bien avait été jeté la nuit. Un autre fermier vient voir un de mes amis, et lui dit qu'il avait tué cet homme. « Comment? et pourquoi ? — C'est qu'il avait jeté un sort sur mes moutons. Alors, je me suis adressé à mon berger, qui m'a donné trois aiguilles que j'ai fait bouillir dans un petit pot et j'ai prononcé sur le pot des paroles qu'il m'a apprises. La même nuit que j'ai mis le pot sur le feu, l'homme est mort. » Ne vous étonnez pas qu'on ait brûlé mes livres à Grasse, sur la place de l'Église.

Je vais, mardi prochain, passer quelques jours dans ce pays, malgré ses mœurs. On m'y promet des monuments de toute sorte et des montagnes fort belles. Je vous en rapporterai de la cassie, si vous appréciez toujours ce parfum-là. Adieu, chère amie; je suis rompu pour vous avoir écrit trois pages. C'est que je ne pose que sur un coude et que tous les mouvements me répondent dans le dos. Adieu encore. Je vous remercie de nouveau des livres. . . . . . .

. . . .

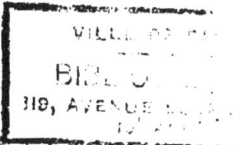

CCVIII

Cannes, 22 janvier 1860.

J'ai trouvé votre lettre en revenant de la campagne, ou plutôt du village où je suis allé passer huit jours tout près des neiges éternelles. Bien que sur un plateau très-élevé, je n'ai pas souffert du froid. J'ai vu de très-belles choses en fait de rochers, de cascades et de précipices : une grande caverne avec un lac souterrain dont on ne connaît pas l'étendue et qu'on peut supposer habité par tous les gnomes et les diables des Alpes ; une autre grande caverne, longue de trois kilomètres, où l'on m'a tiré un feu d'artifice. Enfin, j'ai passé ma semaine dans l'admiration de la pure nature. J'en ai rapporté ici des douleurs horribles et je suis, depuis deux jours, sur le flanc sans dormir ni manger. Je vois décidément que la machine se détraque et qu'elle ne vaut plus rien du tout. J'espère qu'il n'en est plus de même pour vous et que vous n'avez pas eu de nouvelles atteintes de votre fièvre.

Comme vous n'en parlez pas, je vous crois tout à fait quitte de ce mal. J'essaye de prendre mon parti de mes souffrances, et j'y réussis assez bien dans le jour; mais, la nuit, je perds patience et j'enrage.

Vous ne m'avez pas dit quels ont été vos débours pour ces livres moraux que vous avez envoyés à mesdemoiselles de Lagrené. J'aime à croire que vous êtes restée dans la limite de sagesse que vous observez dans toutes les négociations. Probablement, j'aurai bientôt à contracter avec vous une autre dette.

On m'a prêté le pamphlet de mon confrère Villemain, qui m'a paru d'une platitude extraordinaire. Quand on a essayé de faire un livre contre les jésuites, quand on s'est vanté de défendre la liberté de conscience contre l'omnipotence de l'Église, il est drôle de venir chanter la palinodie et d'employer de si pauvres arguments. Je crois que tout le monde est devenu fou, excepté l'empereur, qui ressemble aux bergers du moyen âge qui font danser les loups avec une flûte magique. On m'écrit très-sérieusement de Paris que l'Académie française, voltairienne il y a quelques années, veut nommer l'abbé Lacordaire, comme protestation contre la violence que subit le pape. Au fond, la chose m'est fort égale. Tant qu'on ne m'obligera pas d'aller entendre leurs sermons, on peut nommer à l'Académie tous les membres du sacré collége. Adieu.

CCIX

Cannes, 4 février 1860.

Vous me jetez dans de grandes perplexités au sujet de la Sainte-Eulalie, à laquelle je ne pensais plus. En effet, c'est le 11 ou le 12. J'accepte avec beaucoup de reconnaissance l'offre aimable que vous me faites ; mais je ne comprends pas grand'chose à ces affaires byzantines, et je crains qu'il ne s'agisse de quelque brimborion beaucoup trop moderne pour ma cousine. Il ne faut pas oublier qu'elle ne sort guère et qu'elle s'habille en personne de son âge, qui est extrêmement respectable. Peut-être voulez-vous parler de boucles ou d'agrafes d'argent niellé comme il en vient du Caucase et d'ailleurs. Enfin, vous avez carte blanche avec les instructions suivantes : 1° que la chose ne soit pas trop voyante, pas trop moderne, pas trop colifichet; 2° qu'elle ne coûte pas beaucoup plus de cent francs et qu'elle ait l'air de valoir davantage; 3° enfin, que cela ne vous donne pas trop de tracas. Je suis sûr que vous vous acquitterez de cette commission avec votre ponctualité et votre discrétion ordinaires, et je vous en remercie d'avance de tout cœur. Cela me fait penser à une chose, c'est que je ne vous ai jamais souhaité votre fête. Quand arrive-t-elle? et d'abord, quel nom avez-vous? Il me semble que vous avez un nom luthérien ou hérétique. Mais votre patron est-il l'évangéliste ou le baptiste? et quand lui souhaite-t-on sa fête? Vous devinez que je veux vous faire une surprise, ce qui est bien difficile.

Je suis en ce moment bien souffrant sur mon canapé. Quand je suis assis, il me semble qu'on me brûle le côté avec un fer chaud. Le docteur Maure me dit de me frotter avec du baume tranquille, mais cela ne me tranquillise pas du tout.

J'attends deux de mes amis qui viennent passer une semaine avec moi, et je meurs de peur que le temps ne se gâte. Il fait en ce moment un soleil admirable, mais cette année est exceptionnelle et l'on ne peut compter sur rien. Hier, il faisait un vent qui semblait venir de Sibérie, tant il était glacé. Je trouve comme vous que la politique est bien amusante. Les colères de certaines gens me donnent de la joie au cœur. Adieu; le mois prochain, je vous reverrai. Je suis, en attendant, malade, mélancolique, ennuyé. Je perds la vue et je ne puis plus dessiner, quand même ma santé le permettrait. C'est une triste chose que de vieillir!

Adieu.

CCX

Cannes, 21 février 1860.

Deux de mes amis sont venus me rendre visite, et mes devoirs de cicerone, qui m'ont entraîné dans de longues excursions, ne m'ont pas laissé le temps de vous répondre immédiatement. D'ailleurs, je n'ai reçu qu'avant-hier seulement une lettre de ma cousine au sujet des agrafes byzantines. Je vous envoie son opinion textuelle. Elle trouve que c'est charmant, trop charmant pour elle et beaucoup trop jeune. Cependant, comme correctif à ce que cet arrêt a de trop sévère, elle ajoute qu'elle vient de se commander une robe exprès pour les porter. Si vous n'êtes pas satisfaite de votre succès, c'est que vous êtes difficile.

Je suis toujours à peu près de même, c'est-à-dire assez souffrant. D'un côté, un rhume; de l'autre, une douleur au cœur, variété rhumatismale très-incommode et très-étrange, car cela ne m'empêche pas de marcher et je ne souffre que lorsque je suis assis. Voilà ce que c'est que de dessiner au bord de la mer après le coucher du soleil. Le temps que nous avons n'est pas magnifique. Le soleil ne nous manque pas; mais le fond de l'air est froid, et les matinées et les soirées sont quelquefois très-désagréables à cause du vent qui nous arrive des Alpes. Jamais je ne les avais vues avec tant de neige, de la base au sommet. Ce matin, il est tombé de la neige sur la montagne de l'Estérel, et même quelques flocons sur la place devant mes fenêtres. C'est un scandale inouï à Cannes et dont les anciens n'avaient point mémoire. La seule consolation que j'aie, c'est de penser que vous êtes dans le Nord bien plus mal. Les journaux me font frissonner avec leurs 10 degrés au-dessous de zéro, les trois pieds de neige à Lyon et à Valence, etc. Cependant, il va falloir quitter mon oasis pour aller greloter à Paris. Je pense me mettre en route la semaine prochaine; comme je dois m'arrêter pour voir des monuments, je ne serai pas rendu à Paris pour la séance impériale, qui sans doute perdra beaucoup de son intérêt par mon absence. J'arriverai, selon toute apparence, vers le 3 ou le 4 mars, et j'espère vous trouver en bonne santé. Je vous reverrai avec bien de la joie, vous pouvez vous y attendre. Écrivez-moi à Marseille, poste restante. Il est probable que j'irai passer un ou deux jours à Nice, pour me faire une opinion sur l'annexion, et je reviendrai pour faire mes paquets. Vous ne m'avez pas envoyé votre mémoire, qui est, je le crains, des plus formidables; quel que soit le métal des agrafes, il paraît qu'elles sont considérables. J'espère pourtant rapporter de quoi m'acquitter sans être obligé de vendre mes livres. A propos, n'avez-vous pas à moi le *Voyage en Asie* de M. de Gobineau? On l'a cherché inutilement chez moi l'autre jour. Si vous l'avez, gardez-le. Je suis allé avant-hier mener mes amis au pont de Gardonne; c'est un pont naturel entre des rochers à la pointe de l'Estérel. On entre par une petite porte dans une grotte d'où l'on sort par une autre ouverture à la haute mer. Ce jour-là, la mer avait le diable au corps, et la grotte avait l'air d'une chaudière bouillante. Les matelots n'ont pas osé s'y risquer, et nous n'avons pu que tournoyer autour du gouffre. C'était admirablement beau de couleur et de mouvement. Adieu; portez-vous bien, ne sortez pas trop le soir.

CCXI

Paris, dimanche soir, 12 mars 1860.

. . . .

Je trouve que votre air de Paris est bien lourd et j'ai toujours la migraine. Je n'ai encore vu personne et je n'ose sortir le soir. Il me semble que ce doit être bien extraordinaire de faire des visites à dix heures du soir.

Point de nouvelles du livre de mon ami M. de

Gobineau ; décidément, il doit vous rester sur la conscience. Indiquez-moi quelque roman à lire. J'en éprouve un grand besoin. Pendant que j'étais à Cannes, j'ai lu un roman de Bulwer : *What will he do with it?* qui m'a paru sénile au dernier point. Il y a pourtant quelques jolies scènes et un très-bon sermon. Quant au héros et à l'héroïne, ils dépassent tout ce que l'usage permet dans le genre niais. Un livre qui m'a beaucoup plus amusé, c'est l'ouvrage de M. de Bunsen sur l'origine du christianisme et sur *tout*, pour parler plus exactement. Mais cela s'appelle *Christianity und Mankind*; cela n'a que sept volumes de sept à huit cents pages. M. de Bunsen se dit très-chrétien et il traite le Vieux et le Nouveau Testament par-dessous la jambe. . . . .
. . . .

J'ai appris aujourd'hui qu'il y a eu, dans un des derniers bals masqués, une femme qui a eu le courage de paraître en costume de 1806 sans crinoline, et que cela a produit un très-grand effet.

CCXII

Paris, 4 avril 1860.

. . . .
Nous avons eu hier la première idée de retour du printemps. Cela m'a fait grand bien et je me suis senti renaître. Il me semblait que je sentais l'air de Cannes. Aujourd'hui, il fait gris et sombre. J'aurais grand besoin de vous pour prendre la vie en patience. Je trouve qu'elle devient tous les jours plus ennuyeuse. Le monde est par trop bête. Ce qui est plus inouï que tout, c'est l'ignorance générale dans ce siècle de lumières, comme il s'appelle modestement lui-même. Il n'y a plus personne qui sache un mot d'histoire.

Vous aurez lu le discours de Dupin, qui m'a fort amusé. . . . .
. . . .
Je n'ai jamais pu retrouver Gobineau et je sais bien pourquoi; vous aussi. Je me suis donné mes étrennes à moi-même, il y a deux jours, chez Poi-

tiers. J'ai acheté quelques très-beaux livres vieux et d'autres modernes très-bien reliés. Avez-vous lu les *Mémoires de Hollande* attribués à madame de la Fayette? Cela m'a fort amusé. Je vous les prêterai sur dépôt, à votre retour. Cela est relié par Bauzonnet. — Je me suis fait faire un domino vénitien noir avec une *baretta* en dentelle ou quelque chose d'approchant, comme le dessin que j'ai fait à Venise et que je vous ai montré. Depuis mon retour, en cette malencontreuse saison, je prends un intérêt extraordinaire au temps . . . . .
. . . .

CCXIII

Samedi 14 avril 1860.

. . . .

J'ai mené depuis Pâques une vie fort dissipée : je suis allé deux fois au bal et j'ai dîné en ville tous les jours. Ce bal, où je devais étrenner ce domino avec une *baretta* vénitienne, est remis au 24, parce qu'on juge en ce moment en Espagne les complices d'Ortega, parmi lesquels il y a deux parents de l'impératrice. S'ils sont fusillés, ce qui est fort dans les façons de faire du pays, je crois que le bal sera entièrement abandonné, et j'en serai pour mon domino. J'ai beaucoup vu Ortega, qui est, par parenthèse, un charmant garçon, la coqueluche des belles dames de Madrid. J'ai très-grand peur qu'il ne s'en tire pas. Cependant, on dit qu'il y a toujours du remède quand il s'agit de jolis garçons . . . .

CCXIV

Mardi soir, 1er mai 1860.

. . . .

Le bal de l'hôtel d'Albe était splendide. Les costumes étaient très-beaux ; beaucoup de femmes très-jolies et le siècle montrant de l'audace. 1° On était décolleté d'une façon outrageuse par en haut et par en bas aussi. A cette occasion, j'ai vu un assez grand nombre de pieds charmants et beaucoup de jarretières dans la valse.

2° La crinoline est en décadence. Croyez que, dans deux ans, les robes seront courtes et que celles qui ont des avantages naturels se distingueront de celles qui n'en ont que d'artificiels. Il y avait des Anglaises incroyables. La fille de lord ***, qui est charmante, était en nymphe dryade, ou quelque chose de mythologique, avec une robe qui aurait laissé toute la gorge à découvert si on n'y eût remédié par un maillot. Cela m'a semblé presque aussi vif que le décolletage de la maman, dont on pénétrait tout l'estomac d'un coup d'œil. Le ballet des *Éléments* se composait de seize femmes, toutes assez jolies, en courts jupons et couvertes de diamants. Les Naïades étaient poudrées avec de l'argent qui, tombant sur leurs épaules, ressemblait à des gouttes d'eau. Les Salamandres étaient poudrées d'or. Il y avait une mademoiselle Errazu merveilleusement belle. La princesse Mathilde était en Nubienne, peinte en couleur bistre très-foncé, beaucoup trop exacte de costume. Au milieu du bal, un domino a embrassé madame de S..., qui a poussé les hauts cris. La salle à manger avec une galerie autour, les domestiques en costume de pages du xvi° siècle, et de la lumière électrique, ressemblait au festin de Balthazar dans le tableau de Martin. L'empereur avait beau changer de domino, on le reconnaissait d'une lieue. L'impératrice avait un bournous blanc et un loup noir qui ne la déguisait nullement. Beaucoup de dominos, et, en général, fort bêtes. Le duc de *** se promenait en arbre, vraiment assez bien imité. Je trouve qu'après l'histoire de sa femme, c'est un déguisement un peu trop remarquable. Si vous ne savez pas l'histoire, la voici en deux mots : sa femme, qui est une demoiselle *** (dont, par parenthèse, la mère devait être ma marraine, à ce qu'on m'a dit), est allée chez Bapst, et a acheté une parure de soixante mille francs, en disant qu'elle la renverrait le lendemain si elle ne lui convenait pas. Elle n'a rien renvoyé, ni argent ni parure. Bapst a redemandé ses diamants : on lui a répondu qu'ils étaient partis pour le Portugal, et, en fin de compte, on les a retrouvés au Mont-de-Piété, d'où la duchesse de *** les a retirés pour quinze mille francs. Cela fait l'éloge du temps et des femmes! Autre scandale. Au bal de M. d'Aligre, une femme a été pincée *black and blue* par un mari, non moins ombragé de panaches que M. de ***, mais plus féroce. La femme a crié et s'est évanouie ; tableau général ! On n'a pas jeté le jaloux par la fenêtre, ce qui eût été la seule chose sensée à faire.

Adieu.

CCXV

Samedi 12 mai 1860.

. . . .

Je vous félicite d'avoir du beau temps et du soleil. Ici, il pleut toujours. Quand il ne pleut pas, la chaleur est humide. Il y a de l'orage dans l'air, et les gens nerveux comme moi sont à leur aise comme des cordes de violon dans le feu. Pour comble de maux, je suis obligé de rester ainsi jusqu'à la fin de la saison, qui ne paraît pas près de finir. Vous voilà bien instruite de mes projets ; je voudrais l'être des vôtres, que je ne soupçonne même pas. Il y a eu ces jours passés une petite histoire amusante : M. Boitelle, préfet de police, qui doit être l'homme le mieux informé de Paris, a appris, par le rapport d'agents fidèles, que le ministre d'État, M. Fould, était allé coucher dans la maison qu'il a fait bâtir dans le faubourg Saint-Honoré. De très-grand matin, il est allé le voir, lui a serré la main avec effusion, et lui a exprimé toute la part qu'il prenait à ce qui venait d'arriver. M. Fould a cru qu'il s'agissait d'un fils à lui, qui fait des sottises en Angleterre. Le quiproquo a duré quelque temps, jusqu'à ce que le préfet de police lui ait demandé le nom de son successeur. M. Fould a répondu qu'il était allé pendre la crémaillère dans sa nouvelle maison, et qu'il avait trouvé commode de ne pas se déranger pour aller coucher au ministère. — Les carlistes sont ici dans le désespoir de la platitude de Montemolin. Il n'est pas douteux qu'il n'ait attendu la fusillade d'Ortega pour faire sa renonciation, attendu qu'il éprouvait le phénomène de la peur. Il eût été plus noble de se dépêcher pour qu'il n'y eût personne de fusillé. Il reste à Londres un frère qui n'a pas abdiqué et qui a des enfants; il s'appelle *** et est marié à une fille du duc de ***. Il a escroqué les diamants de sa femme, et avec le produit entretient une femme de chambre d'icelle. Cela prouve un homme de goût. — Il paraît que

Lamoricière est déjà un peu ennuyé de tous les tracas qu'il rencontre en terre papale. Le cardinal Antonelli disait, il y a peu de temps, à un ministre étranger, qu'il n'avait jamais rencontré un homme plus distingué que Lamoricière : « Je lui ai parlé de la situation et il y a trouvé tout de suite cinq ou six remèdes; et il parle si bien, que, dans une heure de temps, il m'a donné quatre avis différents sur la même question, tous si bien motivés, que je n'ai que l'embarras du choix. » Ici, on est extrêmement préoccupé de l'expédition de Garibaldi, et l'on craint qu'il n'en résulte une complication générale. Je crois que M. de Cavour ne serait peut-être pas très-fâché qu'il se fît casser les reins en Sicile; mais, s'il réussit, il deviendra dix fois plus dangereux. Vous serez probablement étonnée quand vous saurez que je travaille et que j'écris comme dans mon bon temps. Quand je vous verrai, je vous raconterai par quelle singulière circonstance j'ai secoué mon antique paresse. Ce serait trop long de vous écrire tout cela, mais il ne s'agit pas d'œuvres à votre usage. Lisez le livre de Granier de Cassagnac sur les Girondins. Il y a les pièces les plus curieuses, et les plus horribles descriptions des massacres et des bêtises révolutionnaires, tout cela écrit avec beaucoup de passion et de verve.

J'ai reçu il y a trois jours la visite de M. Feydeau, qui est un fort beau garçon, mais qui m'a semblé d'une vanité par trop naïve. Il va en Espagne pour y faire le complément de ce que Cervantes et Lesage ont ébauché! Il a encore une trentaine de romans à faire, dont il mettra la scène dans trente pays différents; c'est pourquoi il voyage.

Adieu; je pense sans cesse à vous, malgré tous vos défauts. . . . .

CCXVI

Château de Fontainebleau, 12 juin 1860.

Pourquoi ne m'avez-vous pas écrit? Vous auriez dû le faire pour beaucoup de raisons. On m'a retenu ici pour cette semaine. J'espère bien vous retrouver à Paris, car vous aurez sans doute prolongé votre villégiature si le temps vous a aussi maltraitée que nous. Cependant, nous avons fait quelques jolies promenades dans les bois, entre deux ondées; tout est d'un vert d'épinards uniforme, et, quand il n'y a pas de soleil, c'est médiocre. Il y a des rochers et des bruyères qui auraient leur mérite si l'on s'y promenait en tête-à-tête, en causant de toute sorte de choses omme nous savons faire; mais nous allons en longue file de chars à bancs où l'on n'est pas toujours très-bien appareillé pour l'amusement réciproque. Il n'y a pas, d'ailleurs, de république où l'on soit plus libre, ni de châtelain et de châtelaine plus aimables pour leurs hôtes. Avec tout cela, les journées ont vingt-quatre heures, dont on passe au moins quatre en pantalon collant, ce qui semble un peu dur dans ce temps de mollesse et de mauvaises habitudes.

Je me suis enrhumé horriblement les premiers jours de mon arrivée. Au reste, comme à brebis tondue Dieu mesure le vent, je n'ai plus eu mes douleurs dès que je me suis mis à tousser.

Je n'admets pas un instant que vous ne m'attendiez pas. Il serait absurde d'aller à la mer avant que le temps se fût mis au beau et surtout au chaud. Engagez vos amis à la patience; j'en ai beaucoup aussi, et, entre autres, celle de redire cent fois la même chose à une personne qui ne veut guère entendre. Adieu. . . . . .

. . . .

CCXVII

Paris, dimanche soir, 2 juillet 1860.

J'ai reçu votre lettre ce matin. La mer agitée que vous dites diminue un peu mes regrets de rester à Paris. Cependant, il est impossible que ce temps de chien dure toujours, malgré les taches du soleil que m'apprend mon journal.

Notre session se prolonge indéfiniment, ce dont j'enrage. Je cherche des moyens d'échapper, mais cela est fort difficile, vu ma grandeur qui m'attache au rivage. Cela ne veut pas dire que je ne sois toujours prêt à faire cinquante lieues pour aller dîner avec vous si l'on m'en priait et si l'on voulait bien m'attendre ; c'est une insinuation fort humble que je prends la liberté de vous adresser. En partant si tôt, vous perdrez un bien beau spectacle, celui de me voir passer *in fiocchi* et en gants noirs dans la rue de Rivoli au milieu des populations admiratrices[1]. Je ne sais combien de vacances cette pompe fera dans nos rangs, mais je crains fort qu'elle ne tourne qu'au profit des croque-morts. Il est venu avant-hier trente mille personnes jeter de l'eau bénite, et davantage aujourd'hui. Cela montre bien la badauderie de cette magnanime nation! Elle est toujours plus bête qu'on ne le croit, et c'est beaucoup dire.

Les orléanistes prétendent que M. Brénier a été assommé par un mari peu débonnaire; ce qui me paraît peu probable, vu l'énorme ventre qu'il a. Le plus croyable, c'est que les lazzaroni ont cru venger ainsi leur roi violenté. Les libéraux ont assassiné, en représailles, les commissaires de police, ce qui a fait beaucoup de bien à M. Brénier. Les Italiens du Nord n'ont point la vivacité de sentiments des Napolitains. Ils ont du sens commun et de la logique, comme disait Stendhal,

1. A l'occasion de l'enterrement du prince Jérôme.

tandis que les Napolitains sont des enfants de douze ans mal élevés. Nous en verrons de belles probablement cet automne, et ce serait bien le cas d'y aller faire un tour, au lieu d'aller en Afrique. Je vous attends au moment où votre salon sera plein des curiosités du pays, où vous aurez une robe de chambre à ramages et des babouches. Vous regretterez bien les boues de Paris. Au reste, je ne veux pas vous parler encore de votre expédition. Il peut arriver bien des choses qui feront changer vos projets. Vous connaissez les miens. Je resterai au *British Museum* jusqu'à la fin de juillet; puis j'irai passer quelques jours à Bath, puis en Écosse, où j'attendrai le mois de septembre et une invitation de votre part.

Adieu.

CCXVIII

Paris, jeudi, 12 juillet 1860.

Voilà, je crois, le beau temps tout à fait revenu. Je partirai, selon toute apparence, au commencement de la semaine prochaine. Si l'idée vous venait d'aller voir lady *** sur le bord de la mer, dans les premiers jours d'août, j'espère que vous voudriez bien m'en faire part. Je me figure que la campagne anglaise doit être belle en ce moment, et qu'il serait agréable de passer quelques jours chez votre amie à flâner et à regarder la mer, à manger des crevettes et à prendre le thé les fenêtres ouvertes. Je suis toujours un peu malade. Hier surtout, j'étais très-mal à mon aise. J'ai cependant mon nouvel ami pour me tenir compagnie. C'est un hibou que j'élève, et qui a des sentiments. Je le lâche après dîner et il vole par ma chambre, et, faute de petits oiseaux, prend des mouches très-adroitement. Il a une physionomie très-drôle et ressemble aux gens remplis de pretentions, par son air et son expression ultra-graves. — Nous avons eu un enterrement terrible. Nous avons été sept quarts d'heure à défiler entre le Palais-Royal et les Invalides, puis la messe, puis une oraison funèbre de l'abbé Cœur, qui a loué les principes de 89, tout en disant que nos soldats étaient prêts à mourir pour défendre le pape. Il a dit encore que le premier Napoléon n'aimait pas la guerre et qu'on l'a toujours contraint à se défendre. Le plus beau de la cérémonie a été un *De profundis* chanté dans le puits que vous savez et que nous entendions au travers d'un crêpe noir, qui nous séparait du tombeau. Il me semble que, si j'étais musicien, je profiterais de l'effet admirable de ce crêpe sur le son, pour un opéra à grand spectacle. — Il n'y a plus guère de monde à Paris. Le soir, on va aux Champs-Élysées entendre la musique de Musard, les belles dames et les lorettes assez pêle-mêle, et très-difficiles à distinguer. On va encore au Cirque, voir les chiens savants qui font monter une boule sur un plan incliné, en sautant dessus. Ce siècle perd toute espèce de goût pour les amusements intellectuels. Avez-vous lu le livre que je vous ai prêté et vous a-t-il amusé? l'*Histoire de madame de la Guette* me plaît plus que *la Juive de Hollande*, où il y a des choses qui ont dû vous scandaliser. On me demande le titre d'un roman anglais pour un malade qui ne peut lire que cela. Peut-être pourrez vous m'en dire un. Je viens de fabriquer un grand rapport sur la bibliothèque de Paris. C'est, je crois, ce qui m'a rendu si malade. Je perds mon temps à me mêler de ce qui

ne me regarde pas et on me met sur le dos toutes les affaires des autres. J'ai quelquefois envie de faire un roman avant de mourir; mais tantôt le courage me manque, tantôt, quand je suis en bonne disposition, on me donne des bêtises administratives à arranger. Je vous écrirai avant mon départ. Adieu.. . . . .
. . . .

CCXIX

Londres, British Museum, 20 juillet 1860.

C'est assurément fort aimable à vous de ne pas m'avoir donné signe de vie, ni un mot d'adieu avant mon départ. Je ne vous pardonnerai que la première fois que nous nous verrons. J'ai été retardé par toute sorte d'embarras, et je n'ai pu partir qu'hier matin, par un temps de chien. Pourtant, je me suis conduit assez héroïquement pendant la traversée, et j'ai été presque le seul qui n'ait pas rendu l'âme aux flots agités. J'ai trouvé ici le temps de l'éclipse à Paris. Il me

faut toujours quelque temps à Londres pour
m'habituer à la singulière lumière qu'il y fait.
Il semble qu'elle passe au travers d'une gaze
brune. Cette lumière et les fenêtres sans rideaux
me tracasseront encore quelques jours. En revanche, je me suis régalé de toute sorte de bonnes
choses, et j'ai dîné et déjeuné comme un ogre, ce
qui ne m'était pas arrivé depuis assez longtemps.
Mon seul regret est de n'avoir pas ici ma chouette,
qui joue sur mon tapis le soir, comme le chat que
vous connaissiez autrefois. Je vous assure que
c'est une très-jolie bête, et qui a de l'esprit plus
qu'elle n'est grosse, car elle ne l'est pas plus que
mon poing. Il m'importe très-particulièrement de
savoir d'une manière très-exacte, avant la fin de
ce mois de juillet, à quelle époque vous vous
proposez de venir à Paris, le temps que vous y
passerez et quand vous prétendez aller à Alger.
C'est en conséquence de vos plans que je ferai
les miens. Je n'ai pas besoin de vous dire que
vous êtes le grand motif déterminant pour moi,
de quitter les Highlands plus tôt, ou même de n'y
pas aller du tout. Ne songez pas et surtout ne
faites pas semblant de croire que ce serait un sa-

crifice. Je reviendrais demain si vous me disiez que vous êtes à Paris. Sachez pour votre gouverne que je suis ici jusqu'au 30.

Adieu ; je suis vraiment de bien mauvaise humeur contre vous.

CCXx

Mercredi soir, 9 août 1860. 9, *South Parade Bath.*

Je vous ai acheté un voile bleu avant de quitter Londres. Je voulais vous écrire; mais mon ministre m'avait accablé de commissions, et c'eût été de la charité de votre part que de venir m'aider à m'en acquitter. J'ai choisi des robes, des chapeaux et des rubans, tout cela le plus fantastique que j'ai pu. Je crains que les chiens de France ne courent après les infortunées qui porteront ces belles choses de mon choix; je suis fâché de vous voir si opposée à une excursion en Angleterre, pendant que j'y suis. Cela ne vous plaît pas. Vous sentez bien qu'il n'y a pas de bruyères et de montagnes que je ne quitte avec

empressement pour vous voir avant votre départ.
Qu'il nous reste au moins un souvenir heureux en
nous quittant pour si longtemps . . . .

. . . .

J'ai mené depuis huit jours une vie à rendre
poussif un cheval pur sang, le jour en courses,
shopping and visiting; le soir dînant en ville chez
les aristos, où je trouvais toujours les mêmes plats
et presque les mêmes visages. Je ne me rappe-
lais guère les noms de mes hôtes, et, quand ils
ont des cravates blanches et des habits noirs, je
trouve que tous les Anglais se ressemblent. Nous
sommes ici fort détestés et encore plus craints.
Rien n'est plus drôle que la peur que l'on a de
nous et qu'on ne prend pas la peine de dissimuler.
Les volontaires sont encore plus bêtes que la
garde nationale ne l'était chez nous en 1830,
parce qu'on apporte à tout dans ce pays-ci un air
sérieux qu'on n'a pas ailleurs. Je connais un fort
galant homme de soixante-seize ans, qui fait
l'exercice tous les jours en culotte de zouave. Le
ministère est très-faible et ne sait ce qu'il veut,
l'opposition ne le sait pas davantage. Mais grands
et petits sont d'accord pour croire que nous avons

envie de tout annexer. En même temps, il n'y a personne qui ne sente qu'une guerre serait impossible tant qu'il ne sera pas question d'annexer les trois royaumes. Je n'ai pas été très-content de la lettre de l'empereur à M. de Persigny. Il me semble que mieux aurait valu ne rien dire du tout, ou leur dire seulement ce que je leur répète tous les soirs, c'est qu'ils sont bien bêtes. Je vous conseille de me répondre au plus vite, car je suis fort mélancolique et j'ai besoin de consolations. Je retourne à Londres lundi prochain. Écrivez-moi : 18, *Arlington street*, chez M. Ellice. Je n'y resterai pas longtemps et j'irai tout de suite je crois à Glenquoich, avec lui. — Cette ville-ci est très-jolie. Il n'y a pas trop de fumée et on voit partout des collines couvertes d'herbes et d'arbres. Il n'y fait pas trop froid. J'y suis chez des amis gens d'esprit, et il y a des bains qui me font du bien. Adieu. . . . . .

. . . .

CCXXI

8 août 1860. Londres, 18, *Arlington street.*

Je reçois votre lettre au moment de partir pour Glenquoich. Je n'ai pas besoin de vous dire qu'elle ne me fait nul plaisir. Mais je ne vous ferai cependant pas de reproches. Pour le moment, je ne suis préoccupé que d'une chose, c'est de chercher comment je pourrai vous dire adieu. De votre côté, tâchez de faire aussi quelque chose afin de gagner un peu de temps. Je ne désespère pas qu'en nous y mettant tous les deux nous ne parvenions à nous retrouver et à passer quelques heures ensemble. Plus je réfléchis à votre expédition d'Algérie, plus elle me paraît folle. Il est évident que les affaires d'Orient, compliquées comme elles le sont, et devant se compliquer encore davantage à tout instant, pourront obliger votre frère à partir sur un signe du télégraphe, et vous demeurerez fort empêchée de votre personne au milieu de vos Arabes. Il me paraît

probable que le débarquement des Français en
Syrie serait suivi d'une explosion générale de
pillages et de massacres dans tout l'Orient; très-
vraisemblablement encore, les provinces turques
de la Grèce, c'est-à-dire la Thessalie, la Macé-
doine et l'Albanie chrétienne feront quelque mouvement en représailles. Tout sera en feu cet hiver
en Orient. Aller à Alger dans un pareil moment,
cela, je vous le répète, me semble aussi fou que
possible. Encore si vous trouviez à ce voyage
quelque attrait particulier! mais vous paraissez
maintenant le regretter. . . . .
. . . .

Il fait un temps atroce. Hier, le soleil s'est
montré pour la première fois depuis mon arrivée
en Angleterre; mais, ce matin, en me réveillant,
j'entendais la pluie fouetter sur ma fenêtre. Le
baromètre est à grande pluie, et je ne vois pas à
cent pas. Je ne comprends pas trop ce que deviendra le blé avec le vent et la pluie et le froid.
Le *Times* me dit qu'il est tombé quatre pieds de
neige à Inverness, où je coucherai lundi prochain.
Y aura-t-il assez de charbon de terre et assez de
plaids en Écosse pour remédier à tant de maux?

Malgré le temps froid et couvert que j'ai eu à Bath et aux environs, le pays m'a beaucoup plu. J'ai vu des collines très-découpées, des arbres magnifiques, et une richesse de verdure dont on n'a pas d'idée ailleurs, si ce n'est peut-être dans les hautes vallées de la Suisse. Mais tout cela ne vaut pas Saint-Cloud où Versailles par un beau temps. Adieu, chère amie; je suis bien triste et je voudrais être en colère. Je n'en ai pas la force, car je ne vous accuse pas. . . . .

. . . .

Voici mon adresse à Glenquoich, mais je n'y serai que dans quelques jours : *Care of R*^{t}*. Hon. E. Ellice, Glenquoich, fort Augustus.*

CCXXII

Glenquoich, 22 août 1860.

Je suis sans nouvelles de vous. . . . . . .

. . . .

Ce n'est pas chose facile de partir d'ici. Outre les gens qui vous retiennent, il y a les difficultés matérielles, les jours de bateaux a vapeur pour aller gagner par les lacs les extrémités des chemins de fer. Nous avons ici un temps presque toujours détestable, mais qui n'empêche pas les gens de sortir. On est si habitué à la pluie, que, lorsqu'il ne tombe pas des hallebardes, on croit qu'on peut se promener. Les sentiers sont quelquefois des torrents, on ne voit pas les montagnes à cent pas de soi, mais on rentre en disant : *Beautiful walk*. Ce qu'il y a de pire en ce pays-ci, c'est un moucheron appelé *midge*, et des plus vénimeux. Ils sont très-friands de mon sang et j'ai la figure et les mains dévorées. Je suis ici avec deux demoiselles, l'une blonde et l'autre rousse, toutes les deux avec une peau de satin, et les horribles *midges* préfèrent s'attaquer à moi. Notre principal amusement est la pêche. Elle a l'avantage que les *midges* craignent l'eau et ne se hasardent jamais sur le lac. Nous sommes ici quatorze personnes. Dans la journée, chacun s'en va de son côté. Le soir, après le dîner, chacun prend un livre ou écrit des lettres. Causer et chercher à s'amuser les uns par les autres est chose inconnue aux Anglais. Je voudrais bien savoir quelque chose de vos projets. Écrivez-moi à Londres dès que vous recevrez cette lettre. Dites-moi quand vous partez et si je pourrai vous dire adieu. Je tiens pour certain que vous ferez vos efforts pour que nous puissions passer quelques heures ensemble avant votre grand voyage. L'air des Highlands me fait du bien. Il me semble que je respire mieux que je ne faisais avant de venir ici. Je ne puis me résigner à manger, et c'est le grand plaisir dans ce temps de pluie et de brouillards. Nos chasseurs nous tuent des cerfs sur les montagnes, souvent des grouses, et nous avons tous les jours des oiseaux très-bons. Je soupire pour une soupe maigre ou pour dîner seul chez moi ou à Saint-Chéron avec vous; ce dernier souhait ne se réalisera pas, j'en ai bien peur. Je ne sais si je vous ai dit que j'avais pour vous un voile bleu. J'ai eu le courage de ne pas m'en servir pour vous le rapporter frais. Si vous saviez quelles montagnes les *midges* vous dessinent sur la figure, vous apprécieriez la force d'âme dont j'ai fait preuve. Adieu.

CCXXIII

Paris, 14 septembre 1860.

J'ai reçu votre lettre, chère amie. Je vous avoue que je trouve que vous auriez pu rester un jour de moins à Lestaque et le passer à Paris . . .

Je suis ici avec Panizzi depuis une dizaine de jours. Je fais le métier de cicérone et lui montre depuis le cèdre jusqu'à l'hysope. Il n'y a plus un chat à Paris d'ailleurs, ce qui me plaît assez. Cependant, les soirées commencent à devenir longues.

Je voudrais vous donner des nouvelles du grand brouillamini qui vient de commencer. Mais je ne sais rien et ne comprends rien. Mon hôte croit que le pape et les Autrichiens seront chassés. Pour le premier, les apparences sont fort mauvaises; quant aux autres, je crois que, si Garibaldi s'y frotte, il s'en mordra les doigts. On m'écrit de Naples un mot très-philosophique du roi avant de s'embarquer : il recevait toutes les cinq minutes la démission d'un général ou d'un amiral;

« Maintenant, ils sont trop Italiens pour se battre contre Garibaldi ; dans un mois, ils seront trop royalistes pour se battre contre les Autrichiens. »
Il est impossible de s'imaginer la fureur des carlistes et des orléanistes. Un Italien assez sensé me dit que M. de Cavour a fait entrer l'armée sarde dans les États de l'Église, parce que Mazzini allait y faire une révolution. Je trouve à cela quelque vraisemblance. Vous aurez vu probablement les fêtes de Marseille. On m'écrit que c'était fort beau et que l'enthousiasme a été à la fois réfléchi et bruyant; qu'il y a eu beaucoup d'ordre malgré une multitude immense, exaltée et méridionale. Manger paraît avoir été la chose la plus difficile, et coucher quelque part à peu près autant. Le spectacle des Marseillais dans leur état ordinaire m'amuse toujours ; leur état d'excitation devait être encore plus drôle; et, pour cela, et pour autre chose encore que vous devinerez, je regrette de n'avoir pas été à Marseille ou aux environs. Panizzi, qui a un grand goût pour la locomotion, pense à aller faire un voyage de huit jours à Turin et me presse de l'accompagner. J'en aurais grande envie, mais je n'ose. Il me paraît un peu

délicat d'aller voir M. de Cavour et peut-être Garibaldi, et, dans le doute, je prendrai sagement le parti de l'abstention. J'aurai beaucoup de commissions à vous donner pour Alger lorsque vous y serez installée. Vous savez les choses qui me conviennent, et, lorsque vous en trouverez, ne perdez pas les bonnes occasions. Je me recommande surtout à vous pour me trouver une robe de chambre pleine de caractère. Je voudrais aussi que vous fissiez connaissance avec les femmes du pays et que vous me racontassiez franchement ce que vous aurez vu et entendu.

Ma chouette est toujours très-aimable, mais très-peu propre, ce qui fait mon malheur. Elle est désespérée quand on la met en cage, et elle abuse de sa liberté; je ne sais qu'en faire. Elle ne veut pas s'envoler. Je vais demain avec Panizzi chez Disdéri pour me faire photographier. Je vous enverrai un exemplaire de mon portrait. On a essayé à Glenquoich; mais il y a si peu de jour dans ce pays-là, qu'il n'est venu qu'une espèce d'ombre surmontée d'une casquette parfaitement modelée. Je ne suis pas très-content de votre photographie.

Adieu, chère amie ; nous avons depuis huit jours un assez beau temps, un peu froid ; mais, de midi à quatre heures, on voit le soleil, et c'est un spectacle si rare cette année, qu'on se tient pour heureux. Adieu ; portez-vous bien, ayez soin de vous et pensez un peu à moi.

CCXXIV

17 septembre 1860.

Je ne perds pas un moment pour vous dire que je viens de recevoir votre lettre du 13 de ce mois. Je vois que vous vous plaignez de n'avoir pas reçu de lettres et je n'y comprends rien. Il y a dans tout cela un mystère que je ne m'explique pas. Je vous félicite de votre heureuse traversée. La mienne n'a pas été aussi bonne pour avoir été moins longue, je suppose, mais cela ne s'applique qu'aux lettres de Marseille ; je suppose que tout le monde a perdu la tête lors du passage de l'empereur, et que tous les services ont été suspendus. Un négociant de Marseille, à qui j'avais écrit pour un envoi très-pressé, m'a répondu hier qu'il n'avait pas eu le temps, à cause des fêtes. Il paraît que personne n'était plus à son affaire. Nous avons, depuis quelques jours, un très-beau temps. Probablement j'en aurais profité pour aller dire adieu à la campagne, mais j'ai eu chez moi mon ami Panizzi. Je l'ai emballé hier pour Turin, où il ne restera que quelques jours. Il doit revenir à la fin de la semaine. Je suis mieux portant depuis mon voyage en Écosse. Seulement, je dors fort mal. Je vous envie le spectacle que vous allez avoir : la partie arabe, qui doit avoir un certain caractère d'étrangeté ; vous m'en ferez une description détaillée, j'espère. Adieu, chère amie. Veuillez m'écrire aussitôt que vous aurez reçu ma lettre. Dites-moi ce que vous pensez de ces lettres perdues ou retardées, et donnez-moi vos ordres pour le petit paquet que j'ai à vous envoyer. Je me suis abstenu de chercher moi-même un moyen, persuadé que vous en trouverez un. Adieu ; prenez bien soin de vous . . . .

CCXXV

Paris, 7 octobre 1860.

Chère amie, vos lettres m'arrivent enfin et me rassurent sur le sort des miennes. Vous avez raison d'accuser les Marseillais d'avoir perdu la tête à l'occasion du passage de l'empereur. Ils avaient même perdu deux petits barils de vin d'Espagne qu'on m'envoyait et qui sont restés à l'entrepôt, je ne sais combien de temps. Le négociant marseillais qui devait les recevoir m'écrit très-naïvement qu'il était trop occupé des fêtes pour penser à mon vin, et qu'il n'a pu le réclamer qu'après s'être un peu reposé. — Je comprends fort bien l'éblouissement et l'intérêt que doit avoir pour vous la première vue de la vie orientale. Vous dites très-bien que vous trouvez à chaque pas des choses bouffonnes et d'autres admirables. Il y a en effet toujours quelque chose de bouffon dans les Orientaux, comme dans certaines bêtes étranges et pompeuses que nous voyions autrefois au Jardin des Plantes. Decamps a fort bien saisi cette apparence bouffonne, mais il n'a pas rendu le côté très-grand et très-beau. Je vous remercie beaucoup de vos descriptions; seulement, je les trouve un peu incomplètes. Vous avez eu le rare privilége de voir des femmes musulmanes et vous ne me dites pas ce que je voudrais savoir. Font-elles en Algérie, comme en Turquie, une grande exhibition de leurs appas? Je me souviens avoir vu la gorge de la mère du sultan actuel, comme je vous ai vu le visage. Je voudrais encore savoir quel était le caractère des danses que vous avez vu danser, et s'il était modeste, et, s'il ne l'était pas, dites-moi pourquoi. Si vous m'indiquez une occasion pour le paquet que je vous destine, je vous l'expédierai tout de suite ; si vous n'en avez pas, en passant à Marseille, je le remettrai au premier paquebot en partance. Je voudrais bien que vous me trouvassiez quelque objet à ma convenance. Vous savez ce qui ferait mon affaire, je m'en rapporte à votre divination. Je suis allé passer quelques jours en Saintonge et ne suis revenu qu'hier. Le temps a été constamment détestable, et j'ai rapporté une extinction de voix et un rhume affreux. J'ai trouvé là des gens profondément déconfits, pleurant toutes les larmes de leurs yeux sur les malheurs du saint-père et du général Lamoricière. Le général Changarnier fait, à ce qu'on dit, un récit de la campagne de son collègue, où, après lui avoir donné les plus grands éloges, il montre qu'il n'a fait que des bêtises énormes. A mon avis, le seul des héros martyrs dont on ne peut rire, c'est Pimodan, qui est mort comme un brave soldat. Ceux qui crient aux martyrs parce qu'ils ont été pris sont des farceurs sur lesquels je ne m'apitoie guère. Le temps présent est, d'ailleurs, parfaitement comique, et il fait bon lire son journal pour apprendre chaque matin quelque catastrophe, lire les notes de Cavour ou les encycliques. J'ai vu qu'on avait fusillé Walker en Amérique, ce qui m'a surpris, car son cas est celui de Garibaldi, que nous admirons tous. Avez-vous trouvé mon portrait ressemblant? En voici un meilleur ou du moins d'une expression un peu moins sinistre. Je voudrais vous donner des nouvelles de Paris, mais il n'y a encore personne. Je vous envie d'être au soleil! Si vous avez quelque commission à me donner, je suis encore à Paris

pour un mois et plus. Vous ne me dites rien de la cuisine du pays. Y a-t-il quelque chose de bon ? Si oui, emportez la recette. Adieu, chère amie.

CCXXVI

Paris, 16 octobre 1860.

Chère amie, j'ai reçu votre n° 5, pas par un convoi de grande vitesse. Je suppose qu'il a eu un de ces coups de vent dont le journal nous parle tous les matins. Il paraît que la Méditerranée fait des siennes cette année. Je vous envie le soleil et la chaleur dont vous jouissez. Ici, c'est toujours pluie ou brouillard, quelquefois humidité chaude, plus souvent humidité froide, toujours aussi désagréable que possible. Paris est toujours complétement vide. Je passe mes soirées à lire et quelquefois à dormir. Avant-hier, j'ai voulu entendre de la musique et je suis allé aux Italiens. On jouait *le Barbier.* Cette musique, qui est la plus gaie qu'on ait jamais écrite, était exécutée par des gens qui avaient tous l'air de revenir d'un enterrement.

Mademoiselle Alboni, qui jouait Rosine, chantait admirablement, avec l'expression d'une serinette. Gardoni chantait comme un homme comme il faut, qui craint d'avoir l'air d'un acteur. Il me semble que, si j'avais été Rossini, je les aurais tous battus. Il n'y avait que le Basile, dont je ne me rappelle plus le nom, qui ait chanté comme s'il comprenait les paroles.—Vous m'avez promis une description exacte et circonstanciée de quantités de choses intéressantes que je ne puis voir. Grâce aux privilèges de votre sexe, vous pouvez entrer dans les harems et causer avec les femmes. Je voudrais savoir comment elles sont habillées, ce qu'elles font, ce qu'elles disent, ce qu'elles pensent de vous. Vous m'avez aussi parlé de danses. Je suppose que c'est plus intéressant que ce qu'on voit aux bals de Paris; mais il me faudrait une description un peu détaillée. Avez-vous compris le sens de ce que vous voyez? Vous savez que tout ce qui se rapporte à l'histoire de l'humanité est plein d'intérêt pour moi. Pourquoi n'écririez-vous pas sur un papier ce que vous voyez et ce que vous entendez?

Je ne sais s'il y aura du Compiègne cette année.

On me dit que l'impératrice, que je n'ai pas vue, est toujours horriblement désolée. Elle m'a envoyé une belle photographie de la duchesse d'Albe, faite plus de vingt-quatre heures après sa mort. Elle a l'air de dormir tranquillement. Sa mort a été très-douce. Elle a ri du patois valencien de sa femme de chambre cinq minutes avant d'expirer. Je n'ai pas de nouvelles directes de madame de Montijo depuis son départ. Je crains bien que la pauvre femme ne résiste pas à ce coup-là. — Je suis dans de grandes intrigues académiques. Il ne s'agit pas de l'Académie française, mais de celle des beaux-arts. J'ai un ami qui est candidat préféré, mais Sa Majesté lui a fait dire de se retirer devant M. Haussmann, le préfet. C'est une place d'académicien libre. L'Académie se fâche et veut nommer mon ami malgré lui. Je l'y encourage de toutes mes forces, et je voudrais pouvoir dire à l'empereur le tort qu'il se fait en se mêlant de ce qui ne le regarde pas. J'espère que j'en viendrai à bout et que le grand colosse sera black-boulé de la bonne façon. — Les affaires d'Italie sont bien amusantes, et ce qu'on en dit parmi le peu d'honnêtes gens qui sont ici est encore plus drôle. On commence à voir arriver quelques-uns des *martyrs* de Castelfidardo. En général, ils ne parlent pas trop bien de Lamoricière, qui n'aurait pas été aussi héroïque qu'ils l'avaient annoncé. J'ai vu ces jours passés la tante d'un jeune martyr de dix-huit ans qui s'était laissé prendre. Elle m'a dit que les Piémontais avaient été abominables pour son neveu. Je m'attendais à quelque chose de terrible. « Figurez-vous, monsieur, que, cinq minutes après avoir été fait prisonnier, le pauvre garçon n'avait déjà plus sa montre. Une montre de chasse en or, que je lui avais donnée ! »

Adieu, chère amie ; écrivez-moi souvent. Dites-moi ce que vous faites. Beaucoup de détails.

CCXXVII

Paris, 24 octobre 1860.

Chère amie, j'ai reçu votre lettre du 15. J'ai tardé à vous répondre parce que j'ai fait une excursion à la campagne, chez mon cousin, où je me promenais le jour et jouais au trictrac le soir. Enfin, j'ai été très-paresseux. Je vous remercie des descriptions que vous me donnez, qui auraient cependant besoin d'un commentaire perpétuel et d'illustrations, particulièrement en ce qui concerne les danses des natives; d'après ce que vous me dites, cela doit ressembler un peu aux danses des gitanas de Grenade. Il est probable que les intentions sont les mêmes et que les Moresques représentent les mêmes choses. Je ne doute pas qu'un Arabe du Sahara qui verrait valser à Paris ne conclût, et avec beaucoup de vraisemblance, que les Françaises jouent aussi la pantomime. Quand on va au fond des choses, on arrive toujours aux mêmes idées premières. Vous l'avez vu lorsque vous étudiiez la mythologie avec moi. Je n'admets pas du tout la timidité de vos explications. Vous avez assez d'euphémismes à votre disposition pour me tout dire, et ce que vous en faites n'est que pour qu'on vous prie. — Allons, exécutez-vous dans votre prochaine lettre. Je vous dirai que je deviens tous les jours plus souffrant. Je commence à en prendre mon parti, mais c'est ennuyeux de se sentir vieillir et mourir petit

à petit. — Vous me demandez des explications sur
le brouillamini actuel. Vous n'êtes pas dégoûtée!
Malheureusement, personne n'y comprend rien.
Lisez *le Constitutionnel* d'aujourd'hui. Il y a un
article intéressant et *inspiré* de la Guéronnière.
Il dit en substance : « Je ne puis pas approuver
qu'on attaque les gens qui ne vous font rien ; mais,
d'un autre côté, je ne m'intéresse nullement à
ceux qu'on dépouille, et je ne veux pas qu'on les
aide autrement que par des conseils. » Hier, je
suis allé à Saint-Cloud, où j'ai déjeuné en tête-à-
tête presque avec l'empereur, l'impératrice, et
« Monsieur fils », comme on dit à Lyon ; tous en
très-bonne santé et bonne humeur. J'ai longtemps
causé avec l'empereur, surtout d'histoire ancienne
et de César. Il m'étonne par la facilité avec laquelle il comprend les choses d'érudition, dont il
n'a pris le goût qu'assez récemment. L'impératrice m'a raconté des anecdotes assez curieuses
de son voyage en Corse ; l'évêque lui a parlé d'un
bandit nommé Bosio, dont l'histoire a l'air d'avoir
été copiée sur *Colomba*. C'est un fort honnête garçon, que les conseils d'une femme ont poussé à
commettre deux ou trois petits meurtres. On

court après lui depuis quelques mois, mais inutilement; on a mis en prison des femmes et des enfants soupçonnés de lui porter à manger, mais impossible de mettre la main dessus. Personne ne sait où il est. Sa Majesté, qui a lu le roman que vous savez, s'est intéressée à cet homme et a dit qu'elle serait bien aise qu'on lui donnât les moyens de sortir de l'île et d'aller en Afrique où ailleurs, où il pourrait devenir un bon soldat et un honnête homme. « Ah! madame, dit l'évêque, me permettez-vous de lui faire dire cela?— Comment, monseigneur, vous savez donc où il est? » Règle générale : le plus mauvais garnement, en Corse, est toujours apparenté au plus honnête homme. Ce qui les a beaucoup surpris, c'est qu'on leur a demandé un nombre prodigieux de grâces, mais pas un sou; aussi l'impératrice est revenue fort enthousiasmée.

L'entrevue de Varsovie est un fiasco; l'empereur d'Autriche *s'y est invité*, et il a trouvé la politesse qu'on a à l'égard des indiscrets. Rien de sérieux ne s'y est fait. La prétention de l'empereur d'Autriche était d'établir que, si l'Autriche avait le danger de la Hongrie, la Russie avait la Pologne;

à quoi Gortchakof répond : « Vous avez onze millions de Hongrois, et vous êtes trois millions d'Allemands. Nous sommes quarante millions de Russes, et nous n'avons besoin de personne pour mettre à la raison six millions de Polonais. Par conséquent, point d'assurance mutuelle. » Il me semble que, du côté de l'Angleterre, il y a apaisement, et il serait possible, probable même, qu'elle nous fît quelques avances pour suivre une même politique à l'égard de l'Italie. Si cela arrivait, je pense qu'une guerre serait impossible, à moins toutefois que Garibaldi ne s'en prît à la Vénétie ; mais les Italiens sont plus prudents qu'on ne croit. On m'écrit de Naples que le gâchis y est à son comble, et que l'on y attend les Piémontais avec la même impatience que nous avions, en 1848, de voir arriver à Paris les troupes de ligne. C'est après l'ordre qu'on soupire et on ne le voit qu'avec Victor-Emmanuel. Garibaldi et Alexandre Dumas ont, d'ailleurs, fort bien préparé les esprits, de même qu'une pluie glacée prépare à un dîner chaud. Adieu, chère amie ; je pense me mettre bientôt en route pour Cannes. A Marseille, où je serai vers le milieu de novembre, je confie votre paquet au bureau des bateaux à vapeur. Donnez-moi des détails de mœurs et n'ayez pas peur de me scandaliser. Ayez bien soin de vous et ne m'oubliez pas.

CCXXVIII

1ᵉʳ novembre au soir, 1860.

J'ai reçu votre n° 7, chère amie. Il paraît que le pays et le temps vous plaisent toujours. Je crains pour vous le moment où la vue d'un homme en bournous vous semblera chose si ordinaire, que vous n'y ferez plus attention ; c'est le cas, je pense, pour la colonie française dont vous me parlez et qui doit être aussi amusante que celle de la première sous-préfecture venue de France. Porte-t-on beaucoup de crinoline au palais du gouvernement ? s'y ennuie-t-on de la même manière qu'à Paris? Il me semble que je prévois votre réponse. Vous ne m'avez donné que des croquis des mœurs algériennes, je voudrais des détails, et très-précis. Je ne conçois pas pourquoi vous n'entreriez pas dans toutes les explications que je vous demande. Il n'y a rien que vous ne puissiez me dire, et, d'ailleurs, vous êtes justement renommée pour l'euphémisme. Vous savez dire les choses académiquement. Je comprendrai à demi-mot; seulement, je voudrais des détails; autrement, je ne saurai que ce que tout le monde sait. Je voudrais savoir tout ce que vous avez appris, et je suis sûr que cela vaut la peine d'être dit. Je vous félicite de votre courage si vous apprenez réellement l'arabe; il en faut beaucoup. J'ai mis une fois le nez dans la grammaire de M. de Sacy, et j'ai reculé épouvanté. Je me rappelle qu'il y a des lettres lunaires et solaires, et des verbes à je ne sais combien de conjugaisons. En outre, c'est une langue sourde qu'on peut parler avec un bâillon. Mon cousin, qui était un des plus savants arabisants et qui avait passé vingt-cinq ans en Égypte, ou à Djeddah, me disait qu'il n'ouvrait jamais un livre sans apprendre quelque mot nouveau, et qu'il y en avait cinq cents pour dire *lion*, par exemple. — Je vous ai écrit une grande tartine politique il y a huit jours. Il me semble que tout en est encore au même point. Jusqu'à présent, ce qui paraît concluant, c'est : 1° que l'entrevue de Varsovie a été un *fiasco* complet; 2° que l'Autriche se sent hors d'état d'attaquer, bien que son ennemi lui fasse assurément assez beau jeu. Tout se complique encore par la situation de l'Orient. Elle est telle, que notre ambassadeur à Constantinople croit que la vieille machine peut craquer de fond en comble au premier jour. Le sultan vend ses cachemires. Il ne sait s'il pourra s'acheter à dîner le mois prochain. Savez-vous quel a été le premier mot de l'empereur François-Joseph à l'empereur Alexandre : « Je vous apporte ma tête coupable! » C'est la formule que dit un serf lorsqu'il s'approche de son maître et qu'il craint d'être battu. Il a dit cela en bon russe, car il sait toutes les langues. Sa bassesse ne lui a pas trop réussi : Alexandre a été d'une froideur désespérante, et, à son exemple, le prince régent de Prusse a pris des airs. Après le départ de l'empereur Alexandre, l'empereur d'Autriche est resté quatre heures seul à Varsovie, sans qu'aucun grand seigneur russe ou polonais soit venu lui faire la cour. Les vieux Russes triomphent de tout cela, car ils détestent les Autrichiens encore

plus que les Anglais ou nous. Vous apprendrez
notre grande victoire sur ces pauvres Chinois.
Quelle drôle de chose que d'aller tuer si loin des
gens qui ne nous ont rien fait! Il est vrai que, les
Chinois étant une variété de l'orang-outang, il n'y
a que la loi Grammont qui puisse être invoquée
en leur faveur. Je me prépare à nos conquêtes en
Chine, en lisant un nouveau roman que vient
de traduire Stanislas Julien, le Chinois patenté du
gouvernement. C'est l'histoire de deux demoiselles, mademoiselle *Cân* et mademoiselle *Ling*,
qui ont beaucoup d'esprit, car elles font des vers
et des bouts-rimés à tout propos. Elles trouvent
deux étudiants qui, de leur côté, écrivent avec la
même facilité, et c'est un combat de quatrains à
n'en plus finir. Dans tous ces quatrains, il n'est
question que d'hirondelles blanches et de lotus
bleus. Il est impossible de trouver quelque chose
de plus baroque et de plus dépourvu de passion.
Évidemment, les gens qui s'amusent à ce genre de
littérature sont d'abominables pédants, qui méritent bien d'être conquis et battus par nous autres
qui procédons de la belle littérature grecque.
Nous avons eu quelques jours d'été, et je crois ce

qu'on appelle l'été de la Saint-Martin, puis voilà le froid venu. Je commence à songer à la Provence, où l'on me promet un hiver des plus beaux, au dire des astrologues du pays. Je vous avertirai bientôt de mon changement de résidence. Depuis trois jours, je ne respire plus.
— Vous ne m'avez pas parlé de la cuisine du pays. Que faut-il penser du couscoussou? Y a-t-il encore dans les bazars des curiosités bien baroques et sont-elles à des prix honnêtes? J'ai dîné aujourd'hui chez le prince Napoléon. La princesse Clotilde a admiré mes boutons de poignet et m'a demandé l'adresse du joaillier. Je lui ai dit : « Rue d'Alger, n° 10. » Est-ce bien cela?

Adieu, chère amie.

CCXXIX

Marseille, 17 novembre 1860.

Chère amie, j'arrive à Marseille et je vois que dans une heure il part un vaisseau pour Alger. Je vais lui confier le paquet que je vous destine. Je n'ai que le temps de vous dire bonjour. Je suis enrhumé d'une manière horrible. Dans quelques jours, je serai à Cannes. Je vais faire une visite aux environs. Écrivez-moi à Cannes si vous avez reçu le petit paquet. Je suis trop pressé pour vous dire des nouvelles. Le voyage de l'impératrice [1] fait beaucoup jaser, et personne n'y comprend rien. On est plutôt à la paix. Elle est très-probable, jusqu'à ce qu'on sache quel est le plus fort de Garibaldi ou de Cavour.

Adieu.

Marseille, 18 novembre 1860.

Malheureusement, il était trop tard! On met sur l'affiche que les bateaux partent à quatre heures, et c'est à midi. Mardi prochain, mon petit paquet partira sans faute. Je pense que ma lettre partira par le même paquebot. Et maintenant que cette grande affaire est terminée, je reprends mes questions : Êtes-vous allée voir les bains maures? Quelles femmes avez-vous vues à ces bains? Je suis porté à croire que l'habitude de

1. En Écosse.

vivre les jambes croisées doit leur faire des genoux horribles. Si vous n'approuvez pas leurs façons de toilette, je suppose que vous adopterez le kohl pour les yeux. Outre que cela est très-joli, on dit encore que l'usage en est excellent pour se préserver des ophthalmies, très-ordinaires et très-dangereuses pour nos yeux européens dans les climats chauds. Je vous accorde donc mon autorisation sur cet article.

Je suis fâché de la mort de la pauvre lady M***, qui était une bonne femme, malgré ses opinions sur les hommes et sur les choses. Est-il vrai qu'elle ait écrit un livre, un voyage ou un roman? je ne sais plus lequel, mais on m'en a dit du bien en Angleterre. Mon ami de Glenquoich, M. Ellice, va être mon voisin cet hiver. Il vient d'acheter en Écosse, pour cent vingt mille livres sterling, une terre à côté de la sienne, ou plutôt des lacs, des rochers et des bruyères de plusieurs lieues en long et en large. Je ne me représente guère ce que cela peut rapporter, sinon des grouses et des cerfs dans la saison. Il me semble que, si j'avais trois millions à mettre en terre, je préférerais les employer au Midi qu'au Nord.

J'emporte avec moi une nouvelle édition des œuvres de Pouschkine, et j'ai promis de faire un article sur lui. Je me suis mis à lire ses poésies lyriques et j'y trouve des choses magnifiques, tout à fait selon mon cœur, c'est-à-dire grecques par la vérité et la simplicité. Il y en a quelques-unes très-vives que je voudrais traduire pourtant, parce qu'en ce genre, de même qu'en bien d'autres, il me paraît très-supérieur pour la précision et la netteté. Quelque chose dans le genre de l'ode de Sappho, Δέδυκε μὲν ά σελάνα, me rappelle que je vous écris la nuit dans une chambre d'auberge, et je pense à toute sorte d'histoires du bon temps, etc. De toutes les petites misères de ce temps-ci, la pire pour moi, c'est l'insomnie. Toutes les idées sont noires et on se prend en grippe soi-même.

Adieu, chère amie; tâchez de vous bien porter et de dormir. Vous avez encore plus beau temps que nous et plus joyeuse compagnie. Mangez-vous des bananes à Alger? C'est le meilleur fruit du monde, à mon avis, mais je voudrais en manger avec vous. Sur cette idée-là, chère amie, je vous souhaite le bonsoir. Je serai à Cannes vers le 25 de ce mois.

CCXXX

Cannes, 13 décembre 1860.

Vous écrivez avec une concision toute lacédémonienne, et, de plus, vous avez un papier qui sans doute ne se fabrique qu'exprès pour vous. Pourtant, vous avez beaucoup de choses intéressantes à me conter. Vous vivez parmi les barbares, où il y a toujours à observer, et vous pouvez voir mieux que personne, à cause de la crinoline que vous portez, et qui est un passe-port trèsutile. Malgré cela, vous ne m'avez appris qu'une particularité, que je soupçonnais déjà, et encore, vous ne m'avez pas dit ce que vous en pensiez, et si vous trouviez que cela fût digne d'être imité. Vous avez dû voir dans les bazars une grande quantité de brimborions, et vous auriez pu les examiner et me rendre compte de ce qui aurait dû me convenir. Enfin, vous ne vous acquittez pas du tout de votre rôle de voyageuse. Pour moi, je vis dans mon trou et je n'ai rien à vous mander, si ce n'est que nous avons eu un temps de chien au commencement de ce mois. La Siagne, qui est un petit ruisseau entre la montagne de l'Estérel et Cannes, a débordé et couvert la plaine, ce qui lui donne un aspect des plus curieux et des plus pittoresques. La mer, de son côté, poussée par un vent du sud, venait battre en bas de mon balcon, et ma maison a été changée en île pendant une nuit. Tous ces désastres ont été effacés par un jour de soleil. J'ai chaud et je me porte assez bien, mais je dors mal et j'ai tout à fait perdu l'habitude de manger; pourtant, je fais plus d'exercice qu'à Paris.

Le remue-ménage politique du commencement de ce mois m'a un peu agité, quelque désintéressé que je sois dans la question. Vous savez combien j'étais lié avec la principale victime [1]. Je ne sais rien encore de positif au sujet des motifs de sa disgrâce. Il est évident seulement qu'il y a une belle dame dans l'affaire, laquelle tenait beaucoup, je crois, à occuper son appartement, et qui y travaillait depuis longtemps déjà. Il a

1. M. Fould.

pris la chose moins philosophiquement que je ne croyais, et que je n'aurais fait à sa place. Mais il y a eu des procédés qui l'ont blessé, à ce que je crois. Quant aux mesures libérales, je ne sais trop qu'en penser; il faut voir à l'œuvre. Je ne pense pas qu'elles fussent nécessaires; mais, en principe, il vaut mieux donner que d'accorder ce qu'on demande après avoir laissé le temps de demander et d'être impatient. D'un autre côté, il se peut que l'empereur cherche dans les Chambres un appui pour sortir de la fausse position où nous sommes en Italie, gardant un pape qui nous excommunie *in petto*, et près de nous brouiller avec nos amis pour ménager la vanité d'un bambin [1] qui ne nous a jamais voulu de bien. Il est clair que, si les Chambres, dans leur adresse, recommandent la doctrine de non-intervention, ce sera un motif pour retirer de Rome le général de Goyon, et laisser les Piémontais se débrouiller comme ils l'entendront et comme ils le pourront. Ici, je dis dans toute la France, les gens qui mettent des habits noirs et qui se prétendent puissants sont

---

1. L'empereur d'Autriche.

pour le pape et le roi de Naples, comme s'ils n'avaient pas fait de révolution en France. Mais leur amour de la papauté et de la légitimité ne va pas jusqu'à dépenser un écu pour elles. Lorsqu'on sera obligé de s'expliquer catégoriquement, je ne doute pas que la doctrine de l'intervention ne soit prônée très-vivement. Maintenant, quel sera l'effet de la recrudescence d'éloquence que les nouvelles concessions vont nous attirer? Je ne le devine pas; mais les anciens parlementaires commencent à dresser les oreilles. M. Thiers va, m'écrit-on, se mettre sur les rangs pour la députation à Valenciennes, et je pense que cet exemple sera imité par bien d'autres. Je ne me représente pas trop ce que deviendront les ministres sans portefeuille chargés de la partie de l'éloquence dans le Corps législatif et au Sénat, mais il sera drôle de voir des orateurs comme MM. Magne et Billault avec les Jules Favre et *tutti quanti*.

Adieu, chère amie; donnez-moi souvent de vos nouvelles un peu plus longuement. N'oubliez pas les détails de mœurs algériennes, dont je suis très-curieux. Dites-moi quel temps vous avez et comment vous vous en trouvez.

CCXXXI

Cannes, 28 décembre 1860.

Chère amie, je vous souhaite une bonne fin d'année et un meilleur commencement pour l'autre. Je vous remercie beaucoup pour la jolie bourse que vous m'avez envoyée. Bourse ai-je dit? je ne sais pas trop ce que c'est, ni ce qu'on peut mettre dedans; mais cela est très-joli, et la broderie en or, de couleurs différentes, est d'un goût exquis. Il n'y a que les barbares pour faire ces choses-là. Nos ouvriers ont trop d'art acquis et pas assez de sentiment pour faire rien de semblable. Je vous remercie des dattes et des bananes; si j'étais à Paris, je ne dis pas, mais ici vous ne vous figurez pas avec quelle négligence les transports se font. J'ai attendu huit jours un pantalon, sauf le respect que je vous dois, qui de Marseille est allé à Nice, et Dieu sait où, avant de me parvenir. Des objets à manger seraient encore plus exposés. Lorsque vous reviendrez, vous m'apporterez cela et nous le mangerons ensemble, et cela sera bien meilleur. Vous ne m'avez pas dit si vous aviez vu à Alger M. Feydeau. Je l'ai rencontré dans le chemin de fer venant d'Afrique, où il m'a dit qu'il était allé faire un roman. Vous m'aviez promis, bien que je n'en fasse plus, de recueillir pour moi des histoires et de vous informer de beaucoup de choses.

Vous vous êtes bornée à me donner des renseignements superficiels, sans même me dire ce que vous en pensiez. Y a-t-il à Alger des espèces de sacoches (elles viennent de Constantine, je crois) qui ressemblent à nos sabretaches et qui sont merveilleusement brodées? Combien cela coûte-t-il, à peu près? Je dis tout ce qu'il y a de plus beau. Nous sommes pleins d'Anglais et de Russes ici, les uns et les autres dans les qualités inférieures. Mon ami M. Ellice est à Nice, d'où il me fait des visites de temps en temps. Il se plaint de n'avoir pas de gens intellectuels avec qui causer. Vous avez eu, à ce que je vois, la visite de M. Cobden; c'est un homme d'esprit très-intéressant, le contraire d'un Anglais, en ce sens qu'on ne lui entend jamais dire de lieux communs et qu'il n'a pas beaucoup de préjugés. Il paraît qu'à Paris on ne s'occupe guère que de M. Poinsot. On dit qu'il s'est attiré son sort. Je voudrais vous donner des nouvelles politiques, mais mes correspondants ne me disent rien, sinon qu'on ne fait rien. C'est le propre de notre temps de commencer avec fracas et de s'amuser en route.

Adieu ; portez-vous bien, jouissez de votre soleil. . . . .
. . . .

CCXXXII

Nice, 20 janvier 1861.

Je suis ici en visite chez mon ami M. Ellice, qui est cruellement traité par la goutte, et je suis venu lui tenir compagnie. J'ai éprouvé un sentiment de satisfaction involontaire en passant le pont du Var sans douaniers, gendarmes ni exhibition de passe-ports. C'est une très-belle annexion, et l'on se sent grandi de quelques millimètres. Vous me rendez fort perplexe avec les belles choses que vous me décrivez. Il est évident qu'il faut que je m'en rapporte à vous et à votre discrétion pour les acquisitions à faire; mais je vous prierai de considérer que, comme il s'agit de choses a mon usage personnel et non de cadeaux à faire par votre entremise, je serai encore plus difficile qu'à mon ordinaire. Aussi je vous engage à procéder avec beaucoup de circonspection. Primo, je vous autorise à acheter une *gebira* au prix que vous voudrez, pourvu qu'il y ait de l'or non pas à l'extérieur, mais à l'intérieur, comme je l'ai vu dans quelques-unes. — Si vous trouvez quelque jolie étoffe de soie qui se lave et qui n'ait pas l'air d'une robe de femme, faites-m'en faire une robe de chambre, la plus longue qu'il soit possible, boutonnant sur le côté gauche, et à la mode orientale. Tout cela, apportez-le-moi quand vous reviendrez. Je n'ai pas envie de mettre des robes de soie quand il y a deux pieds de glace dans la Seine. Ce qu'on m'écrit de Paris fait dresser les cheveux sur la tête : 10 degrés de froid le jour, et 12 ou 14 la nuit. Cependant, mon président me convoque pour après-demain. Vous ne vous effrayerez pas si vous lisez dans les journaux que je suis malade. Je n'ai dit, au reste, que la vérite, car j'ai été bien mal les jours passés. — Je suis sûr que, si je retournais à Paris en cette saison, je serais fricassé en quelques jours. Je pense cependant à y revenir pour le milieu de février. Outre l'alacrité ordinaire que j'ai pour les exercices du Luxembourg, j'ai un *speech* à faire. Une pétition est présentée pour la révision du procès de M. Libri, et vous sentez que je ne puis me dispenser de dire un peu ma *ratelée* sur ce sujet qui m'est tout personnel. J'ai eu à Cannes, et je peux dire j'ai encore, la visite de M. Fould, car je vais le retrouver après-demain. Il m'a conté beaucoup de choses curieuses des hommes et des femmes qui se sont mêlés de son affaire. Je l'ai trouvé beaucoup plus philosophe que je ne m'y attendais. Cependant, je doute qu'il ait le courage de bouder longtemps contre son goût. Il paraît que, lorsqu'on a eu quelque temps un portefeuille rouge sous le bras, on se trouve tout chose quand on l'a perdu, comme un Anglais sans parapluie. Adieu; je quitterai Cannes probablement le 8 février. Donnez-moi de vos nouvelles et parlez-moi un peu de vos projets de retour, si vous en formez. Nous avons très-beau temps, mais pas trop chaud. Il paraît que vous avez le beau et le chaud, dont je vous félicite. Adieu, chère amie. . . . .

CCXXXIII

Cannes, 16 février 1861.

Chère amie, je vous écris fort triste, au milieu de tous les apprêts de départ. Je me mets en route demain matin et je pense être à Paris après-demain soir, si je puis gagner Toulon à temps pour le chemin de fer. J'avais espéré prolonger mon séjour ici jusqu'à la fin de l'adresse; mais, d'une part, on m'a conféré une dignité dont je me serais bien passé et qui m'oblige à avoir de l'exactitude. D'un autre côté, on m'écrit que notre sénat est papiste et légitimiste et que ma voix ne sera pas de trop pour le scrutin. J'ai horreur de tout cela et il faut s'y opposer tant qu'on peut, si toutefois la chose est possible.

J'ai eu beaucoup de visites ces jours derniers, et c'est ce qui m'a empêché de vous écrire. J'ai eu des amis de Paris et M. Ellice, qui est venu passer quelques jours avec moi. Il a fallu faire le cicérone, montrer tous les environs et tenir cour plénière. Aussi ne rapporté-je presque pas de dessins, contre mon habitude. Votre absence de Paris a été cause de deux malheurs. Le premier, que j'ai oublié net pour les étrennes les livres des filles de madame de Lagrené. Le second, que j'ai oublié pareillement la Sainte-Eulalie. Il n'y a rien dans ce pays qui puisse être envoyé à Paris, sinon des fleurs, et Dieu sait dans quel état elles seraient arrivées. Donnez-moi quelque conseil là-dessus, je suis aussi embarrassé qu'à l'ordinaire, et, cette fois, je n'ai pas la ressource de vous transmettre mon embarras.

Je vous remercie de toute la peine que vous prenez pour la *gebira*. Je la voudrais un peu grande, parce que je compte la porter dans mes voyages comme sac de nuit.

La pauvre duchesse de Malakof est une excellente personne, pas bien forte, surtout en français. Elle me paraît entièrement dominée par son affreux monstre de mari, qui est grossier d'habitude et peut-être de calcul. On dit, au reste, qu'elle s'en accommode très-bien. Si vous la voyez, parlez-lui de moi et de nos représentations théâtrales en Espagne. On me disait que son frère, qui est un très-aimable garçon, très-joli et poëte par-dessus le marché, devait aller passer quelque temps avec elle à Alger. Adieu, chère amie; portez-vous bien et ayez soin de vous!

CCXXXIV

Paris, 21 mars.

Chère amie, je vous remercie de votre lettre. Je suis, depuis mon retour à Paris, dans un abrutissement complet. D'abord, notre représentation au Sénat, où, comme M. Jourdain, je puis dire que jamais je n'ai été si saoul de sottises. Tout le monde avait un discours rentré qu'il fallait faire sortir. La contagion de l'exemple est si forte, que j'ai délivré mon *speech*, comme une personne naturelle, sans aucune préparation, comme M. Robert Houdin. J'avais une peur atroce; mais je l'ai très-bien surmontée, en me disant que j'étais en présence de deux cents imbéciles et qu'il n'y avait pas de quoi s'émouvoir. Le bon a été que M. Walewski, à qui je voulais faire donner un beau budget, s'est offensé du bien que je disais de son prédécesseur, et a bravement déclaré qu'il votait contre ma proposition. M. Troplong, près duquel je suis placé, en ma qualité de secrétaire, m'a fait tout bas son compliment de condoléance : à quoi j'ai répondu qu'on ne pouvait pas faire boire un ministre qui n'avait pas soif. On a rapporté cela tout chaud à M. Walewski, qui l'a pris pour une épigramme, et, depuis lors, me fait grise mine ; mais cela ne m'empêche pas de mener mon fiacre.

Le second ennui de ce temps-ci, c'est le dîner en ville, officiel ou autre, composé du même turbot, du même filet, du même homard, etc., et des mêmes personnes aussi ennuyeuses que la dernière fois.

Mais le plus ennuyeux de tout, c'est le catholicisme. Vous ne vous figurez pas le point d'exaspération où les catholiques en sont venus. Pour un rien, on vous saute aux yeux, par exemple si l'on ne montre pas tout le blanc de ses yeux en entendant parler du saint martyr, et si l'on demande surtout très-innocemment, comme j'ai fait, qui a été martyrisé.

Je me suis fait encore une mauvaise affaire en m'étonnant que la reine de Naples ait fait faire sa photographie avec des bottes. C'est une exagération de mots et une bêtise qui passent tout ce que vous pouvez imaginer.

L'autre soir, une dame me demande si j'avais vu l'impératrice d'Autriche. Je dis que je la trouvais très-jolie. « Ah ! elle est idéale ! — Non, c'est une figure chiffonnée, plus agréable que si elle était régulière, peut-être. — Ah ! monsieur, c'est la beauté même ! Les larmes vous viennent aux yeux d'admiration ! » Voilà la société d'aujourd'hui. Aussi je la fuis comme la peste. Qu'est devenue la société française d'autrefois !

Un dernier ennui, mais colossal, a été *Tannhauser*. Les uns disent que la représentation à Paris a été une des conventions secrètes du traité de Villafranca ; d'autres, qu'on nous a envoyé Wagner pour nous forcer d'admirer Berlioz. Le fait est que c'est prodigieux. Il me semble que je pourrais écrire demain quelque chose de semblable, en m'inspirant de mon chat marchant sur le clavier d'un piano. La représentation était très-curieuse. La princesse de Metternich se donnait un mouvement terrible pour faire semblant de comprendre, et pour faire commencer des applaudissements qui n'arrivaient pas. Tout le monde bâillait; mais, d'abord, tout le monde voulait avoir l'air de comprendre cette énigme sans mot. On disait, sous la loge de madame de Metternich, que les Autrichiens prenaient la revanche de Solférino. On a dit encore qu'on s'ennuie aux récitatifs, et qu'on se *tanne aux airs*. Tâchez de comprendre. Je m'imagine que votre musique arabe est une bonne préparation pour cet infernal vacarme. Le fiasco est énorme! Auber dit que c'est du Berlioz sans mélodie.

Nous avons ici un temps affreux : vent, pluie, neige et grêle, varié par des coups de soleil qui ne durent pas dix minutes. Il paraît que la mer est toujours en furie, et je suis content que vous ne reveniez pas tout de suite.

Vous ai-je dit que j'avais fait connaissance de M. Blanchard, qui va s'établir rue de Grenelle? Il m'a montré de jolies aquarelles, des scènes de Russie et d'Asie, qui me paraissent avoir beaucoup de caractère et qui sont faites avec talent et verve.

Je voudrais vous donner des nouvelles ; mais je ne vois rien qui mérite d'aller outre-mer. Je suis persuadé que le pape s'en ira avant deux mois, ou que nous le planterons là, ou qu'il s'arrangera avec les Piémontais ; mais les choses ne peuvent durer en l'état. Les dévots crient horriblement ; mais le peuple et les bourgeois gaulois sont antipapistes. J'espère et je crois que Isidore partage ces derniers sentiments.

Je vais probablement faire une course de quelques jours dans le Midi, avec mon ex-ministre, pour passer cet ennuyeux temps de Pâques. Vous ne me dites rien de votre santé, de votre teint. Votre santé paraît bonne ; je crains que, pour le reste, il n'y ait de la brunissure.

Adieu, chère amie. Je vous remercie bien de la *gebira*. Revenez bien portante ; grasse ou maigre, je vous promets de vous reconnaître.

Je vous embrasse bien tendrement.

CCXXXV

Paris, 2 avril 1861.

Chère amie, j'arrive de mon excursion de la semaine sainte, bien fatigué, après une nuit très-blanche et horriblement froide. Je trouve votre lettre, et je suis bien content d'apprendre que vous êtes de ce côté de la mer. . . . .
. . . .

Je suis assez bien depuis une quinzaine de jours. On m'a indiqué un remède très-agréable contre mes douleurs d'estomac. Cela s'appelle des perles d'éther. Ce sont de petites pilules de je ne sais quoi, transparentes, et qui renferment de l'éther liquide. On les avale, et, une seconde après qu'elles sont dans l'estomac, elles se brisent et laissent échapper l'éther. Il en résulte une sensation très-drôle et très-agréable. Je vous les recommande comme calmant, si jamais vous en avez besoin.

Vous avez dû être tristement frappée de l'aspect d'hiver de la France centrale, venant d'Afrique comme vous faites. Lorsque je reviens de Cannes, je suis toujours horrifié à l'aspect des arbres sans feuilles et de la terre humide et morte. J'attends votre *gebira* avec grande dévotion. Si les broderies sont aussi merveilleuses que la bourse à tabac que vous m'avez envoyée, ce doit être quelque chose d'admirable. J'espère que vous avez rapporté pour vous des costumes et quantité de jolies choses que vous me montrerez.

Je ne sais si vous avez à *** d'aussi bon catholiques que nous en avons à Paris. Le fait est que les salons ne sont plus tenables. Non-seulement les anciens dévots sont devenus aigres comme verjus, mais tous les ex-voltairiens de l'opposition politique se sont faits papistes. Ce qui me console, c'est que quelques-uns d'entre eux se croient obligés d'aller à la messe, ce qui doit les ennuyer passablement. Mon ancien professeur M. Cousin, qui n'appelait jamais autrefois le pape que l'évêque de Rome, est converti à présent et ne manque pas une messe. On dit même que M. Thiers se fait dévot, mais j'ai peine à le croire, parce que j'ai toujours eu du faible pour lui.

Je conçois que vous ne puissiez pas à présent

me dire, même à peu près, quand vous reviendrez à Paris, mais prévenez-moi dès que vous en saurez quelque chose. Je suis ici pour tout le temps de la session à poste fixe . . . .

Dites-moi, chère amie, comment vous vous trouvez de toutes vos fatigues et de vos tribulations par terre et par mer. Adieu ; portez-vous bien, et donnez-moi promptement et souvent de vos nouvelles. . . . .

CCXXXVI

Paris, mercredi 24 avril 1861.

Je fais l'histoire d'un Cosaque bandit révolutionnaire du XVIIe siècle, nommé Stenka Razine, qu'on a fait mourir, à Moscou, dans des tourments horribles après qu'il eut pendu et noyé un nombre très-considérable de boyards et traité leurs femmes à la cosaque. Je vous enverrai cela quand ce sera fait, si jamais j'en viens à bout. Adieu, chère amie; donnez-moi de vos nouvelles. . .
. . . . ? . . . . .

Je mène la vie la plus agitée et la plus maussade, grâce aux affaires de l'Institut et à la pétition de madame Libri . . . .
. . . . ,

CCXXXVII

Paris, 15 mai 1861. Sénat.

Chère amie, je suis si occupé depuis quelques jours, que j'ai toujours remis à vous écrire. Je voudrais vous demander de me rendre ma visite. Je suis en proie, en ce moment même, aux harengs que les veaux marins de Boulogne ont suscités pour nous tourmenter, et j'attends les Maronites pour achever. Cela veut dire que nous nous disputons et très-aigrement à propos de harengs dans cet établissement [1] et que nous sommes menacés de séances tous les jours. Au reste, cela ne durera pas longtemps, j'espère. Je travaille toutes les nuits et j'ai le bonheur d'en être aux supplices qu'on

1. Le Sénat.

fait subir à mon héros. Vous voyez que je suis près de la fin. Cela est long, pas très-amusant et très-horrible. Je vous ferai lire cela quand ce sera imprimé. Que pensez-vous de *Macaulay?* Est-ce aussi bien que le commencement?

Est-il vrai que tous les pêcheurs de harengs de Boulogne soient des voleurs qui vont acheter des harengs pris par les Anglais et qui prétendent les avoir pris eux-mêmes? Est-il vrai aussi que les harengs ont été séduits par les Anglais et qu'ils ne passent plus le long de nos côtes?

CCXXXVIII

Château de Fontainebleau, jeudi 13 juin 1861.

Chère amie, je suis ici depuis deux jours, me reposant, avec grand bonheur, parmi les arbres, de mes tribulations de la semaine passée[1]. Je suppose que vous aurez lu la chose dans *le Moniteur*. Je n'ai jamais vu gens si enragés ni si hors de sen-

1. L'affaire Libri et la séance du Sénat.

que tous les magistrats. Pour ma consolation, je me dis que, si, dans vingt ans d'ici, quelque antiquaire fourre son nez dans *le Moniteur* de cette semaine, il dira qu'il s'est trouvé, en 1861, un philosophe plein de modération et de calme dans une assemblée de *jeunes* fous. Ce philosophe, c'est moi-même, sans nulle vanité. Dans ce pays-ci, où l'on prend les magistrats parmi les gens trop bêtes pour gagner leur vie à être avocat, on les paye fort mal, et, pour en trouver, on leur permet d'être insolents et hargneux. Enfin, heureusement, tout est fini. J'ai fait tout ce que je devais faire, et je recommencerais la séance à propos de la pétition de madame Libri, si la chose était possible. Ici, on m'a reçu fort bien sans me railler de ma défaite. J'ai dit très-nettement ce que je pensais de l'affaire, et il ne m'a pas paru que l'on trouvât que j'avais tort. Après toute l'excitation de ces jours passés, je me sens comme débarrassé d'un poids énorme. Il fait un temps magnifique et l'air des bois est délicieux. Il y a peu de monde. Les maîtres de la maison sont, comme à l'ordinaire, extrêmement bons et aimables. Nous avons la princesse de Metternich, qui est fort vive, à la manière allemande, c'est-à-dire qui se fait un petit genre d'originalité composé de deux parties de lorette et d'une de grande dame. Je soupçonne qu'il n'y a pas trop d'esprit au fond pour soutenir le rôle qu'elle a adopté. J'ai, de plus, à travailler pour le bourgeois, qui me plaît chaque jour davantage. Aujourd'hui, nous irons courir un cerf. Les soirées sont un peu difficiles à passer, mais elles ne durent pas trop longtemps. Je pense que je resterai ici une huitaine de jours encore ; cependant, je n'y suis officiellement que jusqu'à dimanche. Si je reste plus longtemps, je vous préviendrai.

Adieu, chère amie ; on vient me chercher.

CCXXXIX

Château de Fontainebleau, lundi 24 juin 1861.

Chère amie, je n'ai pas bougé d'ici et j'y suis jusqu'à la fin du mois, grâce à César, sans doute. Je vous ai dit que j'avais attrapé un coup de soleil et que j'avais été vingt-quatre heures en très-mauvais état. Je suis tout à fait remis à présent; mais je souffre d'un lumbago que j'ai gagné à ramer sur le lac . . . .

. . . .

J'attends de vos nouvelles impatiemment; mais je crains que ce ne soit un peu de ma faute. Je vous avais promis que je vous écrirais si je quittais Fontainebleau. Que voulez-vous! on ne fait rien ici, et cependant on n'est jamais libre. Tantôt on m'appelle pour courir les bois, tantôt pour faire une version. Le temps se passe surtout à attendre ; c'est la grande philosophie du pays que de savoir attendre, et j'ai de la peine à faire mon éducation sous ce rapport. Notre grande attente en ce moment est celle des ambassadeurs siamois, qui viennent jeudi. On dit qu'ils se présenteront à quatre pattes, selon l'usage de leur pays, rampant sur les genoux et les coudes. Quelques-uns ajoutent qu'ils lèchent le parquet, saupoudré de sucre candi à cet effet. Nos dames s'imaginent qu'ils leur portent des choses merveilleuses. Je crois qu'ils n'apportent rien du tout et qu'ils espèrent emporter beaucoup de belles choses.

Je suis allé à Alise mercredi dernier avec l'empereur, qui est devenu un archéologue accompli. Il a passé trois heures et demie sur la montagne, par le plus terrible soleil du monde, à examiner les vestiges du siége de César et à lire les *Commentaires*. Nous y avons tous perdu la peau de nos oreilles, et nous sommes revenus couleur de ramoneurs.

Nous passons nos soirées sur le lac ou sous les arbres à regarder la lune et à espérer de la pluie. Je suppose que vous avez à N... un temps pareil. Adieu, chère amie; portez-vous bien; ne vous exposez pas au soleil, et donnez-moi de vos nouvelles. . . . .
. . . .

CCXL

Château de Fontainebleau, 29 juin 1861.

Chère amie, j'ai reçu le porte-cigares, qui est charmant, même pour moi, qui viens de voir les présents des ambassadeurs siamois. Nos lettres se sont croisées. Je mène ici une vie si occupée de rien, que je n'ai pas le temps d'écrire. Enfin, nous partons tous ce soir, et je serai à Paris quand vous recevrez cette lettre. Nous avons eu mardi une assez bonne cérémonie, très-semblable à celle **du** *Bourgeois gentilhomme.* C'était le plus drôle de spectacle du monde que cette vingtaine d'hommes noirs très-semblables à des singes, habillés de brocart d'or et ayant des bas blancs et des souliers vernis, le sabre au côté, tous à plat ventre et rampant sur les genoux et les coudes le long de la galerie de Henri II, ayant tous le nez à la hauteur du ... dos de celui qui le précédait. Si vous avez vu sur le pont Neuf l'enseigne : *Au bonjour des chiens,* vous vous ferez une idée de la scène. Le premier ambassadeur avait la plus forte besogne. Il avait un chapeau de feutre brodé d'or qui dansait sur sa tête à chaque mouvement, et, de plus, il tenait entre ses mains un bol d'or en filigrane, contenant deux boîtes, qui contenaient chacune une lettre de Leurs Majestés Siamoises. Les lettres étaient dans des bourses de soie mêlée d'or, et tout cela très-coquet. Après avoir remis les lettres, lorsqu'il a fallu revenir en arrière, la confusion s'est mise dans l'ambassade. C'étaient des coups de derrière contre des figures, des bouts de sabre qui entraient dans les yeux du second rang, qui éborgnait le troisième. L'aspect était celui d'une troupe de hannetons sur un tapis. Le ministre des affaires étrangères avait imaginé cette belle cérémonie, et avait exigé que les ambassadeurs rampassent. On croit les Asiatiques plus naïfs qu'ils ne sont, et je suis sûr que ceux-ci n'auraient pas trouvé à redire si on leur avait permis de marcher. Tout l'effet du rampement a été perdu d'ailleurs, parce qu'à la fin l'empereur a perdu patience, s'est levé, a fait lever les hannetons et a parlé anglais avec l'un d'eux. L'impératrice a embrassé un petit singe qu'ils avaient amené et qu'on dit fils d'un des ambassadeurs; il courait à quatre pattes comme un petit rat et avait l'air très-intelligent. Le roi temporel de Siam a envoyé son portrait à l'empereur et celui de sa femme, qui est horriblement laide. Mais ce qui vous aurait charmée, c'est la variété et la beauté des étoffes qu'ils apportaient. C'est de l'or et de l'argent tissés si légèrement que tout est transparent et ressemblant aux nuages légers d'un beau coucher de soleil. Ils ont donné à l'empereur un pantalon dont le bas est brodé avec de petits ornements en émail, or, rouge et vert, et une veste de brocart d'or souple comme du foulard, dont les dessins, or sur or, sont merveilleux. Les boutons sont en filigrane d'or avec de petits diamants et des émeraudes. Ils ont un or rouge et un or blanc qui, mariés ensemble, sont d'un effet admirable. Bref, je n'ai rien vu de plus coquet ni de plus splendide à la fois. Ce qu'il y a de singulier dans le goût de ces sauvages-là, c'est qu'il n'y a rien de criard dans leurs étoffes, bien qu'ils n'emploient que des soies éclatantes, de l'or et de l'argent. Tout cela se combine merveilleusement et produit, en somme, un effet tranquille des plus harmonieux.

Adieu, chère amie; je pense à faire un tour à Londres, où j'ai affaire, pour l'Exposition universelle. Ce sera vers le 8 ou 10 juillet.

• • • • • • • • • • • • • • •

CCXLI

16 juillet 1861. Londres, *British Museum.*

Je vois par votre dernière lettre, chère amie, que vous êtes aussi occupée qu'un général en chef la veille d'une bataille. J'ai lu dans *Tristram Shandy* que, dans une maison où il y a une femme en mal d'enfant, toutes les femmes se croient le droit de brutaliser les hommes; voilà pourquoi je ne vous ai pas écrit plus tôt. J'ai eu peur que vous ne me traitassiez du haut de votre grandeur. Enfin, j'espère que votre sœur s'est bien acquittée et que vous n'avez plus d'inquiétudes. Cependant, je serai bien aise que vous m'en donniez avis officiellement; cela ne veut pas dire que vous m'envoyiez une lettre de faire part imprimée.

On ne parle ici que de l'affaire de M. de Vidil. Je l'ai un peu connu à Londres et en France, et je le trouvais fort ennuyeux. Ici, où l'on n'est pas moins gobe-mouche qu'à Paris, ç'a été un déchaînement furieux contre lui. On a découvert qu'il avait tué sa femme et probablement bien d'autres personnes. Maintenant qu'il s'est livré, les choses ont changé complétement, et, s'il a un bon avocat, il se tirera d'affaire, et nous lui tresserons des couronnes.

Vous savez ou vous ne savez pas qu'il y a un nouveau chancelier, lord B***, qui est vieux, mais a des mœurs qui ne le sont pas. Un avocat nommé Stevens envoie son clerk porter une carte au chancelier; le clerk s'informe; on lui dit que milord n'a pas de maison à Londres, mais qu'il vient souvent de la campagne dans une maison d'Oxford-Terrace, où il a un pied-à-terre. Le clerk y va et demande milord. « Il n'y est pas. — Croyez-vous qu'il revienne pour dîner? — Non, mais pour coucher, certainement; il couche ici tous les lundis. » Le clerk laisse la lettre, et M. Stevens s'étonne beaucoup que le chancelier lui fasse une mine affreuse. Le fond de la question, c'est que milord a là un ménage clandestin.

Je suis à Londres depuis jeudi, et je n'ai pas encore eu un moment de repos; je cours depuis le matin jusqu'au soir. On m'invite à dîner tous les jours, et, le soir, il y a des concerts et des bals. Hier, je suis allé à un concert chez le marquis de Lansdowne. Il n'y avait pas une femme jolie, chose remarquable ici; mais, en revanche, elles étaient toutes habillées comme si la première marchande de modes de Brioude avait fait leurs robes. Je n'ai jamais vu de coiffures semblables : une vieille, qui avait une couronne de diamants composée d'étoiles fort petites avec un gros soleil par devant, absolument comme en ont les figures de cire à la foire! Je pense rester ici jusqu'au commencement d'août. Adieu, chère amie. . . .

. . . .

CCXLII

25 juillet 1861. Londres, British Museum.

. . . .
Je passe mon temps ici d'une façon assez monotone, bien que je dîne tous les jours dans une maison nouvelle et que je voie des gens et des choses que je n'avais pas encore vues. Hier, j'ai

fait un dîner à Greenwich, avec de grand personnages qui cherchaient à se faire vifs, non point comme les Allemands en se jetant par la fenêtre, mais en faisant beaucoup de bruit. Le dîner était abominablement long, mais le *white bait* excellent. Nous avons déballé ici vingt-deux caisses d'antiquités arrivant de Cyrène. Il y a deux statues et plusieurs bustes très-remarquables, d'un bon temps et bien grec; un Bacchus surtout ravissant, quoiqu'un peu mignard; la tête est dans un état de conservation extraordinaire. — M. de Vidil est bien et dûment *committed* et sera jugé aux assises prochaines. On ne veut pas l'admettre à donner caution. Il paraît, d'ailleurs, que le pis qui puisse lui arriver, c'est d'être condamné à deux ans de prison; car la loi anglaise ne reconnaît pas de meurtre là où il n'y a pas eu mort d'homme, et, comme me disait lord Lyndhurst, il faut être extrêmement maladroit en Angleterre pour être pendu. Je suis allé l'autre soir à la Chambre des communes et j'ai entendu le débat sur la Sardaigne. Il est impossible d'être plus verbeux, plus gobe-mouche et plus blagueur que la plupart des orateurs, et notamment lord

John Russell, aujourd'hui lord Russell tout court. M. Gladstone m'a plu. Je pense être de retour à Paris vers le 8 ou 10 août. J'espère vous retrouver tranquillement dans quelque solitude. Je crois que je me porte mieux ici qu'à Paris ; cependant, il fait un temps abominable. — J'ai interrompu ma lettre pour aller voir la Banque. On m'a mis dans la main quatre petits paquets qui faisaient quatre millions de livres sterling, mais on ne m'a pas permis de les emporter ; cela aurait fait deux volumes reliés. On m'a montré une machine très-jolie, qui compte et pèse trois mille souverains par jour. La machine hésite un instant, et, après une très-courte délibération, jette à droite le bon souverain et le mauvais à gauche. Il y en a une autre qui semble un petit magot. On lui présente un billet de banque, il se baisse et lui donne comme deux petits baisers, qui lui laissent des marques que les faussaires n'ont pu imiter encore. Enfin, on m'a mené dans les caves, où j'ai cru être dans une de ces grottes des *Mille et une Nuits*. Tout était plein de sacs d'or et de lingots étincelants à la lueur du gaz. Adieu, chère amie...

CCXLIII

Paris, 21 août 1861.

Chère amie, je suis arrivé enfin, pas en trop bon état de conservation. Je ne sais si c'est pour avoir trop mangé de soupe à la tortue ou pour avoir trop couru au soleil, mais je suis repris de ces douleurs d'estomac qui m'avaient pendant assez longtemps laissé tranquille. Cela me prend le matin vers cinq heures et me dure une heure et demie. Je pense que, lorsqu'on est pendu, on souffre quelque chose de semblable. Cela ne me donne pas trop de goût pour la suspension! J'ai trouvé ici plus de besogne que je n'en voudrais. Notre commission impériale de l'Exposition universelle est en travail d'enfantement; nous faisons tous de la prose pour persuader aux gens qui ont des tableaux de nous les prêter pour les envoyer à Londres. Outre que la proposition est passablement indiscrète, il se trouve que la plupart des amateurs qui ont des collections sont des carlistes ou des orléanistes, qui croient faire œuvre pie en nous refusant. Je crains que nous ne fassions pas trop belle figure à Londres l'année prochaine, d'autant plus que nous n'exposons que les ouvrages exécutés depuis dix ans, tandis que les Anglais exposent les produits de leur école depuis 1762. Comment avez-vous trouvé les chaleurs tropicales? Je m'en console en voyant, par des lettres que je reçois, qu'à Madrid on a eu 44 degrés, la température de la saison chaude au Sénégal. Il n'y a plus personne à Paris, ce dont je me trouve assez bien. J'ai passé six semaines à dîner en ville, et je trouve assez doux maintenant de ne pas être obligé de mettre une cravate blanche pour dîner. Je suis cependant allé passer huit jours dans le comté de Suffolk, dans un très-beau château et dans une assez grande solitude. C'est un pays plat, mais couvert d'arbres énormes, avec beaucoup d'eau; la navigation y est admirable. Cela se trouve tout près des *fens*, d'où est sorti Cromwell. Il y a énormément de gibier, et il est impossible de faire un pas sans risquer d'écraser des faisans ou des perdrix. Je n'ai pas de projets pour cet automne, sinon que, si madame de Montijo va à Biarritz, j'irai l'y voir et passer quelques jours avec elle. Elle ne se console pas et je la trouve plus triste que l'année passée, lorsque sa fille est morte. Il me semble que vous prenez grand goût à cette ribambelle d'enfants. Je ne comprends pas trop cela. Je suppose que vous vous laissez mettre tout cela sur le dos, par suite de l'habitude que vous avez de vous soumettre à l'oppression, du moment que ce n'est pas de mon côté qu'elle vient. Adieu, chère amie. . . . .

CCXLIV

Paris, 31 août 1861.

Chère amie, j'ai reçu votre lettre, qui me paraît annoncer que vous êtes plus heureuse que vous n'avez été de longtemps; je m'en réjouis. Il y a chez moi peu de disposition à aimer les enfants; cependant, je croirais qu'on s'attache à une petite fille comme à un jeune chat, animal avec lequel vos pareilles ont beaucoup de ressemblance. Je suis toujours assez souffreteux, réveillé tous les

matins par des étouffements, mais cela passe assez vite. Il y a ici solitude complète. Hier, je suis entré au Cercle impérial par hasard, et je n'y ai trouvé que trois personnes qui dormaient. Il fait un temps chaud et lourd insupportable ; par contre, on m'écrit d'Écosse qu'il pleut à verse depuis quarante jours, que les pommes de terre sont mortes et l'avoine fricassée. Je profite de ma solitude pour travailler à quelque chose que j'ai promis à mon maître, et que je voudrais lui porter à Biarritz, mais je n'avance guère. J'ai toutes les peines du monde à faire quelque chose à présent, et la moindre excitation me coûte horriblement. J'espère pourtant avoir fini avant la fin de la semaine prochaine. . . . .
. . . .

J'ai à votre intention un exemplaire de *Stenka Razine*, Faites-moi penser à vous le donner quand je vous verrai, comme aussi à vous montrer le portrait d'un gorille que j'ai dessiné à Londres, et avec lequel j'ai vécu en grande intimité ; il est vrai qu'il était empaillé. Je ne lis guère que de l'histoire romaine ; cependant, j'ai lu avec grand plaisir le dix-neuvième volume de M. Thiers.

Il m'a semblé plus négligemment écrit que les précédents, mais plein de choses curieuses. Malgré tout son désir de dire du mal de son héros, il est continuellement emporté par son amour involontaire. Il me dit qu'il donnera le vingtième volume au mois de décembre, et qu'alors il fera quelque grand voyage autour du monde, ou en Italie. Il y a des histoires de Montrond qui m'ont fort amusé; seulement, j'ai regretté de ne pas les lui avoir fait raconter quand il était de ce monde. Il me semble que M. Thiers le peint assez bien, comme un aventurier amoureux de son métier, et honnête envers ses commettants pendant tout le temps qu'il est employé, à peu près comme le Dalgetty de la légende de Montrose. Nos artistes, à ce que je vois, prennent assez bien le petit règlement que nous avons ébauché pour l'Exposition de Londres; mais, quand ils verront la place qu'on leur donne, je ne sais s'ils ne nous jetteront pas des pommes cuites. Je suis parvenu à soutirer de M. Duchâtel la promesse de nous prêter *la Source* de M. Ingres. . . . .

Adieu, chère amie.

CCXLV

Biarritz, 20 septembre 1861.

Chère amie, je suis toujours ici comme l'oiseau sur la branche. L'usage n'est pas de faire des projets longtemps d'avance, et, au contraire, on ne prend jamais de résolution qu'au dernier moment. On ne nous a encore rien dit du quand on partira. Cependant, les jours raccourcissent beaucoup. Les soirées ne sont pas des plus faciles à passer ; il fait froid après dîner, et je crois impossible d'avoir chaud avec le système de portes et de fenêtres qu'on a imaginé ici. Tout cela me fait croire que nous ne resterons pas bien longtemps encore. Je pense aller faire une visite à M. Fould à Tarbes, pour profiter des derniers beaux jours ; puis je reviendrai à Paris, où j'espère vous retrouver installée. L'air de la mer me fait du bien. Je respire plus facilement, mais je dors mal. Il est vrai que je suis tout à fait au bord de la mer, et, pour peu qu'il fasse du vent, c'est un vacarme horrible.

Le temps se passe ici, comme dans toutes les résidences impériales, à ne rien faire en attendant qu'on fasse quelque chose. Je travaille un peu ; je dessine de ma fenêtre et je me promène beaucoup. Il y a très-peu de monde à la villa Eugénie, et des gens de connaissance avec lesquels je me plais assez. Je trouve que le temps passe sans trop de peine, bien que les journées aient ici vingt-quatre heures comme à Paris.

. . . .

Nous avons fait hier une promenade charmante le long des Pyrénées, assez près des montagnes pour les bien voir dans toute leur beauté, et pas assez près pour en avoir les inconvénients, de monter et descendre sans cesse. Nous nous sommes perdus et nous n'avons trouvé que des gens ignorant notre belle langue française. C'est ce qui arrive ici dès qu'on sort de la banlieue de Bayonne.

Le prince impérial donnait hier à dîner à toute une bande d'enfants. L'empereur leur a composé lui-même du vin de Champagne avec de l'eau de Seltz : mais l'effet a été le même que s'ils eussent bu du vin véritable. Ils étaient tous gris un quart d'heure après, et j'ai encore les oreilles malades du bruit qu'ils ont fait. Adieu, chère amie; je me suis engagé témérairement à traduire à Sa Majesté un mémoire espagnol sur l'emplacement de Munda, et je viens de m'apercevoir que c'est d'une lecture terriblement difficile.

Vous pouvez m'écrire ici jusqu'au 23 ou 24; après cela, ce sera chez M. Fould, à Tarbes.

Adieu.

CCXLVI

Paris, 2 novembre 1861.

J'ai de si mauvais yeux, que je ne vous ai pas reconnue tout de suite l'autre jour. Pourquoi venez-vous dans mon quartier sans m'en prévenir? La personne qui était avec moi m'a demandé qui était cette dame qui avait de si beaux yeux. — J'ai passé tout mon temps à travailler comme un nègre pour mon maître, que j'irai voir dans huit jours. La perspective de huit jours de culottes courtes m'effraye un peu. J'aimerais mieux les passer au soleil. Je commence à y penser. D'autre part, la session dont on nous menace me fait enrager. Je ne comprends pas pourquoi on ne fait pas en été les affaires publiques.

. . . .

J'ai un livre pour vous qui n'est pas trop bête. Ma mémoire s'en va, et j'ai fait relier un volume dont j'avais déjà un exemplaire. Vous voyez ce que vous y gagnerez.

Mon torticolis est à peu près passé; mais j'ai veillé si tard, ces jours passés, que je suis tout nerveux et éreinté. Quand nous nous verrons, nous causerons métaphysique. C'est un sujet que j'aime beaucoup, parce qu'il ne peut pas s'épuiser.

Adieu, chère amie.

CCXLVII

Compiègne, 17 novembre 1861.

Chère amie, nous sommes ici jusqu'au 24. C'est Sa Majesté le roi de Portugal qui nous a empêchés de nous livrer aux fêtes que nous préparions. On les a remises et on nous a retenus en conséquence.

Nous sommes ici assez bien, c'est-à-dire nous connaissant, et aussi libres les uns avec les autres qu'on peut l'être en ces lieux.

Nous avons, en lions, quatre Highlanders en *kilt* : le duc d'Athol, lord James Murray, et le fils et le neveu du duc. C'est assez amusant de voir ces huit genoux nus dans un salon où tous les hommes ont des culottes ou des pantalons collants. Hier, on a fait entrer le *piper* de Sa Grâce, et ils ont dansé tous les quatre de manière à alarmer tout le monde lorsqu'ils tournaient. Mais il y a des dames dont la crinoline est encore bien plus alarmante quand elles montent en voiture. Comme on a permis aux dames invitées de ne pas porter le deuil, on voit des jambes de toutes les couleurs. Je trouve que les bas rouges ont très-bon air. Au milieu des promenades dans les bois humides et glacés et des salons chauffés au rouge, je me suis tenu jusqu'à présent sans rhume ; mais je suis oppressé et je ne dors pas. J'ai assisté à la grande comédie ministérielle où l'on s'attendait à voir une ou deux victimes de plus. Les figures étaient bonnes à observer, les discours encore plus ; d'autant que M. Walewski, l'Excellence menacée, portait ses doléances sans discernement à amis et ennemis. Il n'y a rien de tel qu'une forte préoccupation pour faire dire des bêtises, surtout lorsqu'on en a l'habitude. O platitude humaine ! La femme, au contraire, a été très-belle de calme et de sang-froid, sans parler des bons conseils et des démarches. Il me semble que l'on a seulement ajourné la bataille et qu'elle est inévitable sous peu. Que dit-on de la lettre de l'empereur ? Je la trouve très-bien. Il a un tour à lui pour dire les choses, et, quand il parle en souverain, il a l'art de montrer qu'il n'est pas de la même triviale pâte que les autres. Je crois que c'est exactement ce qu'il faut à cette magnanime nation, qui n'aime pas le commun.

Hier, la princesse de ***, qui prenait du thé, a demandé à un valet de pied de lui *aborder ti sel bour le bain*. Le valet de pied est rentré, au bout d'une demi-heure, avec douze kilogrammes de sel gris, croyant qu'elle voulait prendre un bain au sel. — On a apporté à l'impératrice un tableau de Müller qui représente la reine Marie-Antoinette dans une prison. Le prince impérial a demandé qui était cette dame et pourquoi elle n'était pas dans un palais. On lui a expliqué que c'était une reine de France et ce que c'était qu'une prison. Alors, il est allé tout courant demander à l'empereur de vouloir bien faire grâce à la reine qu'il tenait en prison. — C'est un drôle d'enfant, qui est quelquefois terrible. Il dit qu'il salue toujours le peuple parce qu'il a chassé Louis-Philippe, qui n'était pas bien avec lui. C'est un enfant charmant.

Adieu, chère amie.

CCXLVIII

Cannes, 6 janvier 1862.
(Je ne sais plus les dates.)

Chère amie, je ne vous parlerai pas du soleil de Cannes, de peur de vous faire trop de peine au milieu des neiges où vous devez être en ce moment. Ce qu'on m'écrit de Paris me fait froid, rien qu'à le lire. Je pense que vous devez être encore à R..., ou plutôt en route pour revenir, et, à tout hasard, je vous écris à votre domicile politique, comme au lieu le plus sûr pour vous trouver.

J'ai ici la compagnie et le voisinage de M. Cousin, qui est venu s'y guérir d'une laryngite, et qui parle comme une pie borgne, mange comme un ogre et s'étonne de ne pas guérir sous ce beau ciel qu'il voit pour la première fois. Il est, d'ailleurs, fort amusant, car il a cette qualité de faire de l'esprit pour tout le monde. Je crois que, lorsqu'il est seul avec son domestique, il cause avec lui comme avec la plus coquette duchesse orléaniste ou légitimiste. Les Cannais pur sang n'en reviennent pas, et vous jugez quels yeux ils font lorsqu'on leur dit que cet homme, qui parle de tout et bien de tout, a traduit Platon et est l'amant de madame de Longueville. Le seul inconvénient qu'il a, c'est de ne pas savoir parler sans s'arrêter. Pour un philosophe éclectique, c'est mal de ne pas avoir pris le bon côté de la secte des péripatéticiens.

Je ne fais pas grand'chose ici. J'étudie la botanique dans un livre et avec les herbes qui me tombent sous la main ; mais à chaque instant je maudis ma mauvaise vue. C'est une étude que j'aurais dû commencer il y a vingt ans, quand j'avais des yeux; c'est, d'ailleurs, assez amusant, quoique souverainement immoral, attendu que, pour une dame, il y a toujours six ou huit messieurs pour le moins, tous très-empressés à lui offrir ce qu'elle prend à droite et à gauche avec beaucoup d'indifférence. Je regrette beaucoup de n'avoir pas apporté de microscope ; cependant, avec mes lunettes, j'ai vu des étamines faire l'amour à un pistil sans être arrêtées par ma présence. Je fais aussi des dessins, et je lis dans un livre russe l'histoire d'un autre Cosaque beaucoup plus éduqué que Stenka Razine, qui s'appelle malheureusement Bogdan Chmielnick. Avec un nom si difficile à prononcer, il n'est pas étonnant qu'il soit resté inconnu à nous autres Occidentaux, qui ne retenons que les noms tirés du grec ou du latin. Comment vous a traitée l'hiver ? et comment gouvernez-vous les petits enfants qui vous absorbent tant ? Il paraît que cela est très-amusant à élever. Je n'ai jamais élevé que des chats, qui ne m'ont guère donné de satisfaction, à l'exception du dernier qui a eu l'honneur de vous connaître. Ce qui me semble insupportable chez les enfants, c'est qu'il faille attendre si longtemps pour savoir ce qu'ils ont dans la tête et pour les entendre raisonner. Il est bien fâcheux que le travail qui se fait dans l'intelligence des moutards ne s'explique pas par eux-mêmes et que les idées leur viennent sans qu'ils s'en rendent compte. La grande question est de savoir s'il faut leur dire des bêtises, comme on nous en a dit, ou bien s'il faut leur parler raisonnablement des choses. Il y a du pour et du contre à l'un et à l'autre système. Un jour que vous passerez devant Stassin, soyez assez bonne pour regarder dans son catalogue un livre de Max Müller, professeur à Oxford, sur la linguistique. Seulement, je ne sais pas le titre du livre, et vous me direz si cela coûte bien cher et si je puis m'en passer la fantaisie. On m'a dit que c'était un travail admirable d'analyse des langues.

J'ai fait la connaissance d'un pauvre chat qui vit dans une cabane au fond des bois; je lui porte du pain et de la viande, et, dès qu'il me voit, il accourt d'un quart de lieue. Je regrette de ne pouvoir l'emporter, car il a des instincts merveilleux.

Adieu, chère amie; j'espère que cette lettre vous trouvera en bonne santé et aussi florissante que l'année passée. Je vous la souhaite bonne et

heureuse . . . .
. . . .

CCXLIX

Cannes, 1er mars 1862.

. . . .

Vous êtes bien bonne de penser à mon livre au milieu de tous vos ennuis ; si vous pouvez me l'avoir pour mon retour, cela me fera grand plaisir, mais ne vous donnez pas trop de peine pour cela.

La fête de ma cousine m'est absolument sortie de la tête. Je ne m'en suis souvenu l'autre jour que lorsqu'il n'était plus temps. Nous en causerons ensemble à mon retour, s'il vous plaît : cela devient tous les ans plus difficile, et j'ai épuisé les bagues, les épingles, les mouchoirs et les boutons. C'est le diable d'inventer quelque chose de nouveau !

Cela n'est pas moins difficile pour les romans. Je viens de lire en ce genre de telles rapsodies que cela mérite vraiment des châtiments corporels. Je vais passer trois jours à Saint-Césaire, dans les montagnes, au-dessus de Cannes, chez mon docteur, qui est un très-aimable homme; à mon retour, je penserai sérieusement à me mettre en route pour Paris. Je ne regrette pas de ne point avoir assisté à tout le tapage qui s'est fait au Luxembourg, et qui était digne d'écoliers de quatrième. Je regrette encore moins de n'avoir pas pris part aux élections, ou tentatives d'élections académiques, qui ont eu lieu l'autre jour. Nous voilà en proie aux cléricaux, et bientôt, pour être admis comme candidat, il faudra produire un billet de confession. M. de Montalembert en a donné un de catholicisme à un de mes amis, qui n'est que Marseillais, mais qui a le bon sens de se laisser faire. Jusqu'à présent, ces messieurs ne sont pas très-difficiles; mais il est à craindre qu'ils ne le deviennent avec le temps et le succès.

Vous ne pouvez vous rien imaginer de plus joli que notre pays par le beau temps. Ce n'est pas celui d'aujourd'hui, car, par grand extraordinaire, il pleut depuis ce matin; tous les champs sont couverts de violettes et d'anémones, et d'une quantité d'autres fleurs dont je ne sais pas le nom.

Adieu, chère amie. A bientôt, j'espère. Je désire vous retrouver en aussi bonne condition que je vous ai laissée il y a plus de deux mois. Ne maigrissez ni ne grossissez, ne vous désolez pas trop et pensez un peu à moi. Adieu.

CCL

Londres, *British Museum*, 12 mai 1862.

• • • • • • • • • • • • •

Pour ce qui est de l'Exposition, franchement, cela ne vaut pas la première ; jusqu'à présent, cela ressemble à un fiasco. Il est vrai que tout n'est pas encore déballé, mais le bâtiment est horrible. Quoique fort grand, il n'en a pas l'air. Il faut s'y promener et s'y perdre pour s'assurer de son étendue. Tout le monde dit qu'il y a de très-belles choses. Je n'ai encore examiné que la classe 30, à laquelle j'appartiens et dont je suis le *reporter*. Je trouve que les Anglais ont fait de

grands progrès sous le rapport du goût et de l'art
de l'arrangement; nous faisons les meubles et les
papiers peints assurément mieux qu'eux, mais
nous sommes dans une voie déplorable, et, si cela
continue, nous serons sous peu distancés. Notre
jury est présidé par un Allemand qui croit parler
anglais et qui est à peu près incompréhensible
à tout le monde. Rien de plus absurde que nos
conférences; personne n'entend de quoi il est
question. Cependant, on vote. Ce qu'il y a de plus
mauvais, c'est que nous avons dans notre classe
des industriels anglais et qu'il faudra nécessaire-
ment donner des médailles à ces messieurs, qui
n'en méritent guère. Je suis bombardé par les
discours et les roûts. Avant-hier, j'ai dîné chez
lord Granville. Il y avait trois petites tables dans
une longue galerie; cela était censé devoir rendre
la conversation générale; mais, comme on se con-
naissait très-peu, on ne se parlait guère. Le
soir, je suis allé chez lord Palmerston, où il y avait
l'ambassade japonaise, qui accrochait toutes les
femmes avec les grands sabres qu'elle porte à la
ceinture. J'ai vu de très-belles femmes et de très-
abominables; les unes et les autres faisaient exhi-

bition complète d'épaules et d'appas, les unes admirables, les autres très-odieux, mais les uns et les autres avec la même impudence. Je crois que les Anglais ne jugent pas ces choses-là.

Adieu, chère amie. . . . .
. . . .

CCLI

Londres, British Museum, 6 juin 1862.

Chère amie, je commence à entrevoir le terme de mes peines. Mon rapport au jury international dans le plus pur anglais-saxon, sans un seul mot tiré du français, a été lu hier par moi, et l'affaire est bâclée de ce côté. Il m'en reste un autre (rapport) à faire à mon gouvernement. Je crois que, d'ici à quelques jours, je serai libre, et, très-probablement, je pourrai partir pour Paris du 15 au 20 de ce mois. Vous feriez bien de m'écrire avant le 15 où vous serez à cette époque, et quels sont vos projets.

Décidément, je crois que l'exhibition fait fiasco.

Les commissaires ont beau faire des réclames et battre le tambour, ils ne peuvent y attirer la foule. Pour ne pas trop perdre, il leur faut cinquante mille visiteurs par jour, et ils sont bien loin de leur compte. Le beau monde n'y va plus depuis qu'on ne paye plus qu'un schelling, et le vilain monde n'a pas trop l'air d'y prendre goût. Le restaurant y est détestable. Il n'y a que le restaurant américain qui soit amusant. Il y a des breuvages plus ou moins diaboliques qu'on boit avec des pailles : *mint julep* ou *raise the dead*. Toutes ces boissons sont du gin plus ou moins déguisé. Je dîne en ville tous les jours jusqu'au 14. Après quoi, j'irai faire une visite à Oxford, pour voir M. Max Müller et quelques bouquins de la bibliothèque bodléienne, puis je partirai. Je suis excédé de l'hospitalité britannique et de ses dîners, qui ont l'air d'être tous faits par le même cuisinier inexpérimenté. Vous ne vous figurez pas quel désir j'ai de prendre un bouillon de mon pot-au-feu. A propos, je ne sais si je vous ai dit que ma vieille cuisinière me quitte, pour se retirer dans ses terres. Elle était chez moi depuis trente-cinq ans. Cela me contrarie au dernier point, car il n'y a rien de si désagréable que les nouveaux visages.

Je ne sais quel a été le plus grand effet produit ces jours derniers par deux événements considérables : l'un, la défaite des deux favoris au Derby, par un cheval inconnu; l'autre, la défaite des torys à la Chambre des communes. Cela a semé Londres de figures lamentables, toutes très-plaisantes à voir. Une jeune dame qui se trouvait dans une tribune s'est évanouie en apprenant que *Marquis* était battu d'une longueur de tête par un rustre sans généalogie, *pedigree*. M. Disraeli fait meilleure contenance, car il se montre à tous les bals.

Adieu, chère amie.

CCLII

Paris, 17 juillet 1862.

Je ne vous dirai pas tous les regrets que j'ai eus. Je voudrais que vous les eussiez partagés, et, si vous en aviez eu la moitié, vous auriez bien trouvé moyen de faire attendre les autres pour

moi. J'ai eu de très-ennuyeux jours depuis votre
départ. Ma pauvre vieille Caroline est morte chez
moi, après avoir beaucoup souffert ; me voilà sans
cuisinière et ne sachant pas trop comment je
ferai. Après sa mort, ses nièces sont venues se
disputer sa succession. Il y en a une cependant
qui a pris son chat, que je me proposais de garder. Elle a laissé, à ce qu'il paraît, douze ou quinze
cents francs de rente. On m'a démontré qu'elle
n'a pu amasser tout cela avec les gages qu'elle
avait chez moi, et cependant je ne crois pas
qu'elle m'ait jamais volé, je m'abonnerais bien
à l'être toujours de même. Je pense beaucoup
à avoir un chat semblable à feu Matifas, qui vous
trouvait si à son gré ; mais je vais partir pour les
Pyrénées et je n'aurai pas le temps de l'éduquer.
On me dit que les eaux de Bagnères-de-Bigorre
me feront le plus grand bien. Je les crois parfaitement sans pouvoir ; mais il y a de belles montagnes dans le voisinage et j'ai des amis dans
les environs. M. Panizzi doit venir me prendre
le 5 août ; nous reviendrons ensuite en faisant un
grand tour par Nîmes, Avignon et Lyon. — J'espère arriver à Paris en même temps que vous.

Madame de Montijo est arrivée la semaine passée; elle est bien changée et fait peine à voir. Rien ne la console de la mort de sa fille, et je la trouve moins résignée qu'au premier jour. J'ai dîné à Saint-Cloud, jeudi passé, en très-petit comité et je m'y suis assez amusé. Il m'a semblé qu'on y était moins papalin qu'on ne le dit généralement. On m'a laissé médire des choses tout à mon aise, sans me rappeler à l'ordre. Le petit prince est charmant. Il a grandi de deux pouces, et c'est le plus joli enfant que j'aie vu. Nous finissons demain notre travail sur le musée Campana. Les adhérents des acheteurs sont furieux et nous bombardent dans les journaux. Nous en aurions long à dire, si nous voulions mettre en lumière toutes les bêtises qu'ils ont faites et les drogues qu'on leur a données pour des antiques. Il fait ici une chaleur horrible et je ne m'en trouve pas mal. On dit que c'est bon pour les blés. Adieu, chère amie. . .

. . . .

CCLIII

Bagnères-de-Bigorre, petite maison Laquens, Hautes-
Pyrénées. Samedi, 16 août 1862.

Chère amie, je suis ici depuis trois jours avec M. Panizzi, après un voyage des plus fatigants, par un soleil épouvantable. Il nous a quittés (c'est le soleil que je dis) avant-hier, et nous avons un temps digne de Londres, du brouillard et une petite pluie imperceptible, mais qui vous mouille jusqu'aux os. J'ai rencontré ici un de mes camarades, qui est le médecin des eaux; il m'a ausculté, donné des coups de poing dans le dos et dans la poitrine, et m'a trouvé deux maladies mortelles dont il a entrepris de me guérir, moyennant que je boirais tous les jours deux verres d'eau chaude qui n'a pas très-mauvais goût, et qui ne fait pas mal au cœur comme ferait de l'eau ordinaire. En outre, je me baigne à une certaine source dans le l'eau assez chaude, mais très-agréable à la peau. Il me semble que cela me fait beaucoup de bien.

J'ai des palpitations assez désagréables le matin, je ne dors pas bien, mais j'ai de l'appétit. Selon votre manière de sentir, vous conclurez que je vais me porter à merveille. — Il n'y a pas ici beaucoup de monde, et presque personne de connaissance, ce qui m'arrange très-fort. Les Anglais et les prunes ont manqué tout à fait cette année. En fait de beautés, nous avons ici mademoiselle A. D..., qui faisait autrefois un grand effet sur le prince *** et sur les cocodès. Je ne sais quelle maladie elle a. Elle ne m'est apparue que de dos, et a la crinoline la plus vaste de tout le pays. On donne des bals deux fois par semaine, où je compte bien ne pas aller, et des concerts d'amateurs dont je n'ai entendu et n'entendrai qu'un seul. Hier, on m'a fait subir une messe en musique, où je me suis rendu accompagné par la gendarmerie ; mais j'ai décliné l'invitation à la soirée du sous-préfet, pour ne pas accumuler trop de catastrophes dans un seul jour. Le pays a l'air très-beau, mais je n'ai encore fait que l'entrevoir ; je dessinerai dès qu'il y aura un rayon de soleil. Que devenez-vous ? Écrivez-moi. J'aimerais bien à vous montrer la verdure incomparable de ce pays, et surtout la beauté des eaux, pour lesquelles le cristal ne serait pas une bonne comparaison. Il serait agréable de causer avec vous à l'ombre des grands hêtres. Êtes-vous toujours au pouvoir de la mer et des veaux marins?

Adieu, chère amie.

CCLIV

Bagnères-de-Bigorre, 1er septembre 1862.

Chère amie, merci de votre lettre. Je vous réponds à N..., puisque vous ne devez pas vous arrêter à Paris, et je suppose que vous êtes déjà arrivée. Vous avez éprouvé à ***, à propos des querelles des veaux marins, ce qui arrive toujours lorsqu'on habite Paris. Les petites querelles et les petites affaires de la province semblent si misérables et si dignes de pitié, qu'on déplore la condition des gens qui vivent là-dedans. Il est certain pourtant qu'au bout de quelques mois on fait comme les natifs, on s'intéresse à tout cela et on devient complétement provincial. Cela est triste pour l'intelligence humaine, mais elle prend les aliments qu'on lui sert et s'en contente. Je suis allé, la semaine passée, faire une course dans la montagne, voir une ferme à M. Fould. Elle est au bord d'un petit lac, en face du plus beau panorama du monde, entourée de très-grands arbres, chose si rare en France, et on y déjeune admirablement. Il y a beaucoup de très-beaux chevaux et de très-beaux bœufs, tout cela tenu dans le système anglais. On m'a montré de plus un âne chargé de faire des mulets. C'est une bête énorme, grande comme un très-grand cheval, noire et méchante, comme s'il était rouge. Il paraît qu'il faut la croix et la bannière pour qu'il consente à accorder ses faveurs aux juments. On lui montre une ânesse, et, lorsqu'il s'est monté l'imagination, il n'y regarde plus de si près. Que pensez-vous de l'industrie humaine, qui a eu toutes ces belles inventions? Vous serez furieuse de mes histoires et je vois votre mine d'ici. Le monde devient tous les jours plus bête. A propos de cela, avez-vous lu *les Misérables* et entendu ce qu'on en dit? C'est encore un des sujets sur lesquels je trouve l'espèce humaine au-dessous de l'espèce gorille. — Les eaux me font du bien. Je dors mieux et j'ai de l'appétit, bien que je ne fasse pas trop d'exercice, parce que mon compagnon n'est pas trop ingambe. Je pense rester ici encore une semaine à peu près ; ensuite, il se peut que j'aille à Biarritz ou en Provence. L'idée d'aller faire une promenade au lac Majeur est abandonnée, la maison où nous devions aller ne pouvant nous recevoir pour le moment. Je serai à Paris au plus tard le 1ᵉʳ octobre.

Adieu, chère amie; adieu, et écrivez-moi.

CCLV

Biarritz, villa Eugénie, 27 septembre 1862.

Chère amie, je vous écris toujours à ***, bien que je ne sache rien de vos mouvements ; mais il me semble que vous ne devez pas encore retourner à Paris. Si, comme je l'espère, vous avez un temps pareil au nôtre, vous devez en profiter et n'être pas trop pressée d'aller trouver à Paris les odeurs de l'asphalte. Je suis ici au bord de la mer et respirant mieux qu'il ne m'est arrivé depuis longtemps. Les eaux de Bagnères ont commencé par me faire grand mal. On me disait que c'était tant mieux, et que cela prouvait leur action. Le fait est qu'aussitôt que j'ai quitté Bagnères, je me suis senti renaître ; l'air de la mer, et aussi peut-être la cuisine auguste que je mange ici, ont achevé de me guérir. Il faut vous dire qu'il n'y a rien de plus abominable que la cuisine de l'hôtel de *** à Bagnères, et je crois en vérité qu'on y a pratiqué contre Panizzi et moi un empoisonnement lent. Il y a peu de monde à la villa, et seulement des gens aimables que je connais depuis longtemps. Dans la ville, il n'y a pas grand monde, peu de Français surtout ; les Espagnols dominent, et les Américains. Les jeudis, on reçoit, et il faut mettre les Américains du Nord d'un côté et les Américains du Sud de l'autre, de peur qu'ils ne s'entre-mangent. Ce jour-là, on s'habille. Le reste du temps, on ne fait pas la moindre toilette ; les dames dînent en robe montante, et nous du vilain sexe en redingote. Il n'y a pas de château en France ni en Angleterre où l'on soit si libre et si sans étiquette, ni de châtelaine si gracieuse et si bonne pour ses hôtes. Nous faisons de très-belles promenades dans les vallées qui longent les Pyrénées et nous en revenons avec des appétits prodigieux. La mer, qui est ordinairement très-mauvaise ici, est depuis une semaine d'un calme surprenant ; mais ce n'est rien pourtant en comparaison de la Méditerranée et surtout de cette mer de Cannes. Les baigneuses sont toujours aussi étranges en matière de costume. Il y a une madame *** qui est de la couleur d'un navet, qui s'habille en bleu et se poudre les cheveux. On prétend que c'est de la cendre qu'elle se met sur la tête, à cause des malheurs de sa patrie. Malgré les promenades et la cuisine, je travaille un peu. J'ai écrit, tant à Biarritz que dans les Pyrénées, plus de la moitié d'un volume. C'est encore l'histoire d'un héros cosaque que je destine au *Journal des Savants*. A propos de littérature, avez-vous lu le speech de Victor Hugo à un dîner de libraires belges et autres escrocs à Bruxelles? Quel dommage que ce garçon, qui a de si belles images à sa disposition, n'ait pas l'ombre de bon sens, ni la pudeur de se retenir de dire des platitudes indignes d'un honnête homme ! Il y a dans sa comparaison du tunnel et du chemin de fer plus de poésie que je n'en ai trouvé dans aucun livre que j'aie lu depuis cinq ou six ans ; mais, au fond, ce ne sont que des images. Il n'y a ni fond, ni solidité, ni sens commun ; c'est un homme qui se grise de ses paroles et qui ne prend plus la peine de penser. Le vingtième volume de Thiers me plaît comme à vous. Il y avait une immense difficulté, à mon avis, à extraire quelque chose de l'immense fatras des conversations de Sainte-Hélène rapportées par Las Cases, et Thiers s'en est tiré à merveille. J'aime aussi beaucoup ses jugements et ses comparaisons entre Napoléon et autres grands hommes. Il est un peu sévère pour Alexandre et pour César ; cependant, il y a beaucoup de vrai dans ce qu'il dit sur l'absence de vertu de la part de César. Ici, on s'en occupe beaucoup, et je crains qu'on n'ait trop d'amour pour le héros ; par exemple, on ne veut pas admettre l'anecdote de Nicomède, ni vous non plus, je crois.

Adieu, chère amie ; portez-vous bien et ne vous sacrifiez pas trop pour les autres, parce qu'ils en prendront trop bien l'habitude, et que ce que vous faites à présent avec plaisir, un jour peut-être vous serez obligée de le faire avec peine. Adieu encore.

CCLVI

Paris, 23 octobre 1862.

Chère amie, j'ai mené une vie très-agitée depuis le commencement du mois; voilà pourquoi je suis en retard à vous répondre. Je suis revenu de Biarritz avec mes souverains. Nous étions tous assez dolents, pour avoir été empoisonnés, je crois, avec du vert-de-gris. Les cuisiniers jurent qu'ils ont récuré leurs casseroles, mais je ne crois pas à leurs serments. Le fait est que quatorze personnes à la villa ont eu des vomissements et des crampes. Pour avoir été empoisonné autrefois avec du vert-de-gris, j'en connais les symptômes et je persiste dans mon opinion. Je suis resté à Paris quelques jours en courses et en tracas, puis je suis allé à Marseille installer des paquebots pour la Chine. Vous comprenez bien que cette cérémonie ne pouvait pas se passer de ma présence. Ces paquebots sont si beaux et ont des petites chambres si bien arrangées, que cela donne envie d'aller en Chine.

J'y ai résisté pourtant, et me suis contenté de prendre un bain de soleil à Marseille. Vous devinez peut-être les tracas dont je vous parlais tout à l'heure au retour de Biarritz. Tracas politiques, s'il vous plaît; j'étais partagé entre le désir que j'avais de voir rester M. Fould au ministère, dans l'intérêt du maître, et le désir de le voir donner sa démission, dans l'intérêt de sa dignité et dans son intérêt personnel. Cela a fini par des concessions qui n'ont fait de bien à personne et qui me semblent avoir amoindri tout le monde. Le plus bouffon de l'affaire a été que Persigny, que tous les ministres non papalins ne peuvent souffrir, est devenu leur porte-drapeau, et qu'ils ont fait de sa conservation une condition pour garder leur portefeuille. Ainsi, on a destitué Thouvenel, qui était un très-bon garçon et intelligent, et on a gardé Persigny, qui est fou et qui n'entend rien aux affaires. Nous voici donc entre les pattes des cléricaux pour quelque temps, et vous savez où ils mènent leurs amis.

Vous me paraissez trop émue du discours de Victor Hugo. Ce sont des mots sans idées; quelque chose comme *les Orientales* en prose. Je vous

engage à lire une lettre de madame de Sévigné
pour vous remettre au bon diapason de la prose,
et, si vous aimez encore le sens commun et les
idées, lisez le vingtième volume de Thiers, qui est
le meilleur de tous. Je l'ai lu deux fois, la seconde
avec plus de plaisir que la première, et je ne dis
pas que je ne le relirai pas encore. — Je voudrais
bien connaître un peu vos projets. Je vais vous
dire les miens. Je compte aller à Compiègne vers
le 8 du mois prochain, et j'y resterai jusqu'après
la fête de l'impératrice, c'est-à-dire jusqu'au 18
ou 20. Avant ou après cette époque, ne pourrais-
je vous voir? Il me semble que la campagne
doit être bien froide et bien humide à présent, et que vous devez penser au retour. . .
. . . .
Adieu, chère amie; j'espère que vous êtes toujours
en appétit et santé.

CCLVII

Paris, 5 novembre 1862.

Chère amie, je suis invité à Compiègne jusqu'au 18. Le 10, je serai à Paris jusqu'à trois heures, et j'espère vous voir. Écrivez-moi et donnez-moi longuement de vos nouvelles. Je désapprouve fort votre nouveau goût littéraire. Je lis actuellement un livre qui cependant vous amusera peut-être; c'est l'histoire de la révolte des Pays-Bas, par Motley. Je le mettrai à vos ordres, si vous voulez. Il n'y a pas moins de cinq gros volumes; mais, quoique pas trop bien écrit, cela se lit couramment et cela m'intéresse beaucoup. Il a beaucoup de partialité anticatholique et antimonarchique; mais il a fait d'immenses recherches et c'est un homme de talent, quoique Américain.

Je suis enrhumé et assez mal de mes poumons. Vous apprendrez un jour que j'ai cessé de respirer, faute de ce viscère. Cela devrait vous engager à être très-aimable pour moi avant que ce malheur m'arrive.

Adieu, chère amie. . . . .

CCLVIII

Cannes, 5 décembre 1862.

Chère amie, je suis arrivé ici entre deux inondations, et, pendant quatre jours, j'ai cru qu'il n'y avait plus de soleil, même à Cannes. Lorsqu'il se met à pleuvoir dans ce pays-ci, ce n'est pas une plaisanterie. La plaine entre Cannes et l'Estérel était changée en lac, et il était impossible de mettre le nez dehors. Pourtant, au milieu de ce déluge, l'air était doux et agréable à respirer. Depuis que je suis poussif, je suis devenu aussi délicat en matière d'air que les Romains le sont pour l'eau. Mais cela n'a pas duré, heureusement. Le soleil a reparu radieux il y a trois jours, et, depuis lors, je vis les fenêtres ouvertes et j'ai presque trop chaud. Il n'y a que les mouches qui me rappellent les rigueurs de la vie. Avant de quitter Paris, j'ai consulté un grand docteur, car je me croyais en très-mauvais état depuis mon retour de Compiègne et je voulais savoir dans combien de temps il fallait pourvoir à ma pompe funèbre. J'ai été assez content de sa consultation : premièrement, parce qu'il m'a dit que cette cérémonie n'aurait pas lieu aussitôt que je l'appréhendais ; en second lieu, parce qu'il m'a expliqué anatomiquement et très-clairement la cause de mes maux. Je croyais avoir le cœur malade ; pas du tout, c'est le poumon. Il est vrai que je n'en guérirai jamais ; mais il y a moyen de n'en pas souffrir, et c'est beaucoup, si ce n'est le principal.

Vous ne pouvez vous faire une idée de la beauté de la campagne après toutes ces pluies. Il y a partout des roses de mai. Les jasmins commencent à fleurir, ainsi que quantité de fleurs sauvages, toutes plus jolies les unes que les autres. J'aimerais bien à faire un cours de botanique avec vous dans les bois des environs, vous verriez qu'ils valent ceux de Bellevue. J'ai reçu ici, je ne sais comment, le dernier livre de M. Gustave Flaubert, qui a fait *Madame Bovary*, que vous avez lu, je crois, bien que vous ne vouliez pas l'avouer. Je trouvais qu'il avait du talent qu'il gaspillait sous prétexte de réalisme. Il vient de commettre un nouveau roman qui s'appelle *Salammbô*. En tout autre lieu que Cannes, partout où il y aurait seulement *la Cuisinière bourgeoise* à lire, je n'aurais pas ouvert ce volume. C'est une histoire carthaginoise quelques années avant la seconde guerre punique. L'auteur s'est fait une sorte d'érudition fausse en lisant Bouillet et quelque autre compilation de ce genre, et il accompagne cela d'un lyrisme copié du plus mauvais de Victor Hugo. Il y a des pages qui vous plairont sans doute, à vous qui, à l'exemple de toutes les personnes de votre sexe, aimez l'emphase. Pour moi qui la hais, cela m'a rendu furieux. Depuis que je suis ici, et particulièrement depuis la pluie, j'ai poursuivi ma tartine cosaque. Cela sera, je le crains, bien long. Je vais envoyer ces jours-ci un second article à Paris, et ce ne sera pas le dernier. Je m'aperçois que j'ai oublié d'emporter avec moi une carte de Pologne, et je suis embarrassé pour écrire les noms polonais dont je n'ai que la transcription en russe. Si vous aviez à votre portée quelque moyen d'information, tâchez de savoir si une ville qui en russe s'appelle Lwow, ne serait pas par hasard la même que Lemberg en Gallicie. Vous me rendrez un grand service. — Adieu, chère amie, j'espère

que l'hiver ne vous traite pas trop rigoureusement
et que vous prenez soin d'échapper aux rhumes.
Votre petite nièce est-elle toujours aimable? Ne
la gâtez pas trop, pour qu'elle ne soit pas trop
malheureuse plus tard. Je voudrais bien encore
que vous allassiez voir la pièce de mon ami Augier et que vous me dissiez candidement ce que
vous en pensez. Adieu encore.

CCLIX

Cannes, 3 janvier 1863.

Chère amie, j'ai commencé l'année assez mal,
dans mon lit, avec un lumbago très-douloureux
qui ne me laissait pas même la faculté de me retourner. Voilà ce qu'on gagne dans ces beaux climats, où, tant que le soleil est sur l'horizon, on
peut se croire en été, et où, aussitôt après son
coucher, vient un quart d'heure de froid humide
qui vous pénètre jusqu'à la moelle des os. C'est
absolument comme à Rome, à l'exception qu'ici
ce sont les rhumatismes, et là-bas c'est la fièvre

contre laquelle il faut se faire assurer. Aujourd'hui, mon dos a repris une partie de son élasticité, et je commence à me promener. J'ai eu la visite de mon vieil ami, M. Ellice, qui a passé vingt-quatre heures avec moi, et a renouvelé ma provision de nouvelles et mes idées singulièrement racornies par un séjour en Provence : c'est, tout bien considéré, le seul inconvénient de vivre hors de Paris. On arrive rapidement à être souche, et, quand on n'a pas les goûts de mon confrère M. de Laprade, qui voudrait être chêne, cette transformation n'a rien de bien agréable.

Si je continue à bien aller, je crois que je me rendrai à Paris vers le 18 ou le 20, pour la discussion de l'adresse, qui, me dit-on, sera chaude et intéressante; quand j'aurai fait mon devoir, je retournerai au soleil, car je crèverais infailliblement à passer à Paris les glaces, les vents et les boues de février. . . . .

Vous avez tort de ne pas lire *Salammbô*. Il est vrai que cela est parfaitement fou, et qu'il y a encore plus de supplices et d'abominations que dans la *Vie de Chmielnicki*; mais, après tout, il y a du talent, et on se fait une idée amusante de l'auteur et une encore plus plaisante de ses admirateurs, les bourgeois, qui veulent parler des choses avec les honnêtes gens. Ce sont ces bourgeois que mon ami Augier a fort bien drapés; aussi m'assure-t-on que personne qui se respecte n'avoue qu'il a été voir *le Fils de Giboyer*. Avec tout cela, la caisse du théâtre se remplit et la bourse de l'auteur. Je vous recommande, dans la *Revue des Deux Mondes* du 15, un roman de M. de Tourguenief, dont j'attends ici les épreuves, et que j'ai lu en russe. Cela s'appelle *les Pères et les Enfants*. C'est le contraste de la génération qui s'en va et de celle qui arrive. Il y a un héros, le représentant de la nouvelle génération, lequel est socialiste, matérialiste et réaliste, mais cependant homme d'esprit et intéressant. C'est un caractère très-original qui vous plaira, j'espère. Ce roman a produit une grande sensation en Russie et on a beaucoup crié contre l'auteur, qu'on accuse d'impiété et d'immoralité. C'est, à mon avis, un assez bon signe de succès lorsqu'un ouvrage excite ainsi le déchaînement du public. Je crois que je vous ferai lire encore la seconde partie de *Chmielnicki*, dont j'ai corrigé les épreuves pendant que j'étais sur le dos. Vous y verrez une grande quantité de Cosaques empalés et de juifs écorchés tout vifs. Je serai à Paris, non pas pour le discours de la couronne, mais seulement pour la discussion de l'adresse, c'est-à-dire, comme je le suppose, vers le 20 ou le 21 ; mais, si cela convenait à vos arrangements particuliers, je pourrais avancer mon arrivée. Adieu, chère amie ; je vous souhaite bonne santé et bonheur, point de lumbago. Adieu, ne m'oubliez pas.

CCLX

Cannes, 28 janvier 1863.

Chère amie, je me disposais à partir pour Paris, et je croyais y être le 20, lorsque j'ai été repris d'un nouvel accès de mes spasmes d'estomac. J'ai eu un gros rhume avec des étouffements très-douloureux et j'ai gardé le lit pendant huit jours. Le médecin me dit que, si je retourne à Paris avant d'être tout à fait remis, je suis sûr de retomber plus bas que je n'étais, et je resterai encore ici pendant une quinzaine de jours. On m'écrit, d'ailleurs, que la discussion de l'adresse n'aura aucun intérêt, et que tout se passera en douceur et rapidement. Je suis à présent assez bien, un peu dolent toujours, mais je recommence à sortir et à mener mon train de vie ordinaire. Le temps est admirable; pourtant, ce climat-ci est un peu traître. Je devrais moins que personne m'y laisser prendre. Tant que le soleil est sur l'horizon, on se croirait en juin. Cinq minutes après vient une humidité pénétrante. C'est pour avoir admiré trop longtemps les beaux couchers de soleil que j'ai été malade. On me dit que vous n'avez pas eu de froids vifs, mais des brouillards et de la pluie. Autour de nous, il est tombé une quantité de neige incroyable, et rien n'est plus beau en ce moment que la vue de nos montagnes toutes blanches entourant notre petite oasis verdoyante. Comment avez-vous passé votre temps? Avez-vous échappé aux rhumes, et quelle vie menez-vous? Je passe mes soirées à faire de la prose pour le *Journal des Savants*. Cet animal de *Chmielnicki* n'en finit pas et je crains qu'il ne me coûte encore deux articles avant que je puisse faire son oraison funèbre; j'en ai déjà fait trois aussi longs que celui que vous avez lu, et aussi abondants en empalements, écorchements d'hommes et autres facéties. Je crains que cela ne ressemble trop à *Salammbô*. Vous m'en direz votre avis candidement, si vous trouvez ce rare *Journal des Savants* que les ignorants s'obstinent à ne pas lire, malgré tout son mérite.

Nous avons eu dans notre voisinage une tragédie. Une jolie demoiselle anglaise s'est brûlée au bal. Sa mère, en voulant la sauver, s'est brûlée aussi. Toutes les deux sont mortes au bout de trois à quatre jours. Le mari, qui a été brûlé aussi, est encore malade. Voilà la dix-huitième femme de ma connaissance à qui cela arrive. Pourquoi portez-vous de la crinoline? Vous devriez donner l'exemple. Il suffit de tourner devant la cheminée ou de se regarder dans une glace (il y en a toujours au-dessus de la cheminée) pour être rôtie toute vive. Il est vrai qu'on ne meurt qu'une fois, et qu'on est toujours bien aise de montrer une croupe monstrueuse, comme si on trompait quelqu'un avec un ballon plein d'air! Pourquoi n'avez-vous pas une toile métallique devant votre cheminée? Il paraît qu'on devient de plus en plus religieux à Paris. Je reçois des sermons de gens dont j'aurais attendu tout autre chose. On me dit que M. de Persigny s'est montré ultra-papalin à la commission de l'adresse du Sénat. A la bonne heure. Je ne crois pas qu'il y ait eu un temps où le monde ait été plus bête qu'à présent. Tout cela durera ce que cela pourra, mais la fin est un peu effrayante.

Adieu, chère amie. . . . .
. . . .

CCLXI

Paris, 26 avril 1863.

Chère amie, comme je ne comptais pas sur votre manière de voyager en tortue, je ne vous ai pas écrit à Gênes. J'adresse ma lettre à Florence, où j'espère que vous vous arrêterez quelque temps. C'est, de toutes les villes d'Italie que je connais, celle qui a conservé le mieux son caractère du moyen âge. Ayez soin seulement de ne pas vous enrhumer si vous demeurez au *Lung'Arno*, comme font les honnêtes gens. Quant à Rome, je suis très hors d'état de vous donner des conseils, car il y a très-longtemps que je n'y suis allé. Je vous ferai seulement les deux recommandations suivantes : d'abord de ne pas être à l'air au moment de la chute du jour, parce que vous pourriez fort bien attraper la fièvre. Il faut se faire conduire un quart d'heure avant l'*Angelus* à Saint-Pierre, et attendre que l'étrange précipité humide qui se fait dans l'atmosphère à cette heure-là soit passé. Il n'y a rien, d'ailleurs, de plus beau pour la rêverie que cette grande église à la chute du jour. Elle est sublime en vérité, lorsqu'on n'y voit rien distinctement. Pensez-y à moi. Ma seconde recommandation, c'est, s'il fait un jour de pluie, de l'employer à voir les Catacombes. Quand vous y serez, allez-vous-en dans un de ces petits corridors donnant dans les rues souterraines; éteignez votre bougie et restez seule trois ou quatre minutes. Vous me direz les sensations que vous aurez éprouvées. J'aurais du plaisir à faire l'expérience avec vous ; mais alors vous ne sentiriez peut-être pas la même chose. Il ne m'est jamais arrivé à Rome de voir ce que je m'étais proposé de voir, parce que, à chaque coin de rue, on est attiré par quelque chose d'imprévu, et c'est le grand bonheur de se laisser aller à cette sensation. Je vous engage encore à ne pas trop vous livrer à la visite des palais, qui sont pour la plupart un peu surfaits. Occupez vous surtout des fresques en fait d'objets d'art, et des vues en fait de nature mêlée d'art. Je vous recommande la vue de Rome et de ses environs prise de Saint-Pierre in Montorio. Il y a là aussi une très-belle fresque du Vatican. Faites-vous montrer au Capitole la louve de la République, qui porte la trace de la foudre qui l'a frappée du temps de Cicéron. Ce n'est pas d'hier. Croyez que vous ne pourrez pas voir la centième partie de ce que vous devriez voir dans le peu de temps que vous pouvez consacrer à votre voyage, mais qu'il ne faut pas trop le regretter. Il vous restera un grand souvenir d'ensemble qui vaut mieux qu'une foule de petits souvenirs de détail. — Je me sens infiniment mieux portant et je regrette bien votre départ. Je vous dirai, d'ailleurs, comme votre sœur, que vous avez bien fait de profiter de l'occasion pour voir Rome. Reste la question des dédommagements que je vous prie de ne pas perdre de vue.

J'espère que vous y pensez quelquefois. Il n'y a
guère de beau lieu que j'aie vu où je n'aie regretté
de ne pouvoir l'associer à vous dans mes souvenirs. Adieu, chère amie; donnez-moi souvent de
vos nouvelles, quelques lignes seulement ; amusez-
vous bien et revenez-nous en bon état. Lorsque
je vous saurai à Rome, je vous donnerai mes commissions. Adieu encore.

CCLXII

Paris, 20 mai 1863.

Chère amie, je vous écris avec une grippe abominable. Depuis quinze jours, je tousse au lieu de
dormir, et je suis pris de crises d'étouffement.
Le seul remède est de prendre du laudanum, et
cela me donne des maux de tête et d'estomac
presque aussi pénibles que la toux et l'étouffement. Bref, je me sens faible et *avvilito*, m'en
allant à tous les diables, ma santé et moi. Je désire
qu'il n'en soit pas de même pour vous. Je crois
vous avoir dit qu'il fallait prendre bien garde à

l'humidité, qui, dans le pays où vous êtes, accompagne le coucher du soleil. Ayez soin de n'avoir jamais froid, dussiez-vous avoir trop chaud. Je vous envie d'être dans ce beau pays, où l'on a de douces et agréables mélancolies qu'on se rappelle ensuite avec plaisir; mais je voudrais que, pour faire mieux la comparaison, vous allassiez passer une semaine à Naples. De toutes les transitions, c'est la plus brusque et la plus amusante que je connaisse. En outre, elle a l'avantage de la comédie après la tragédie; on va se coucher avec des idées bouffonnes. Je ne sais si la cuisine a fait des progrès dans les États du saint-père. C'était, de mon temps, l'abomination de la désolation, tandis qu'à Naples on trouvait à vivre. Il est possible que les révolutions politiques aient passé le niveau sur les deux cuisines, et que, friande comme vous êtes, vous les trouviez mauvaises l'une et l'autre. Nous vivons ici sur les histoires arrivées ou prêtées à madame de ***. Ce qu'il y a de certain, c'est qu'elle est folle à lier. Elle bat ses gens, elle donne des soufflets et des coups de poing et fait l'amour avec plusieurs cocodès à la fois. Elle pousse l'anglomanie jusqu'à boire du *brandy* et du *water*, c'est-à-dire beaucoup plus du premier que du second. L'autre soir, elle présente au président Troplong son cocodès par quartier en lui disant : « Monsieur le président, je vous amène mon *darling*. » M. Troplong répond qu'il était heureux de faire la connaissance de M. Darling. Au reste, si tout ce qu'on me dit des mœurs des lionnes de cette année est vrai, il est à craindre que la fin du monde ne soit proche. Je n'ose vous dire tout ce qui se fait à Paris parmi les jeunes représentants et représentantes de la génération qui nous enterrera!

J'espérais que vous me conteriez quelques histoires ou que, du moins, vous me feriez part de vos impressions. J'ai toujours du plaisir à savoir comment telle chose vous a paru. N'oubliez pas de vous faire montrer la statue de Pompée, qui est très-probablement celle aux pieds de laquelle César fut assassiné; et, si vous découvrez la boutique d'un nommé Cades, qui vend de faux antiques et des poteries, achetez-moi une intaille de quelque belle pierre. Si vous passez par Civita-Vecchia, allez chez un marchand de curiosités nommé Bucci, et faites-lui mes compliments et remerciments pour le plâtre de Beyle qu'il m'a envoyé. Vous lui achèterez pour rien des vases noirs étrusques, des pierres gravées, etc. Vous pouvez vous faire une garniture de cheminée charmante avec ces vases noirs. Adieu, chère amie; portez-vous bien, pensez quelquefois à moi.

CCLXIII

Paris, vendredi 12 juin 1863.

Chère amie, j'apprends avec grand plaisir votre retour en France, et avec encore plus de plaisir votre intention de revenir bientôt à Paris. Il me semble que vous vous êtes mise en frais de coquetterie vraiment extraordinaire pour avoir ainsi exploité cet infortuné Bucci. Si je vous avais donné une lettre pour lui selon mon intention, vous auriez emporté toute sa boutique, sans avoir recours aux procédés d'enjôlement qui vous sont familiers. Au fond, c'est un fort brave homme qui a conservé un culte pour Beyle, dont il était la seule ressource pendant son exil à Civita-Vecchia.

Il eût été mieux de le faire parler du gouvernement pontifical. S'il avait été aussi sincère qu'il s'est montré galant, il vous en aurait plus appris à ce sujet que tous les ambassadeurs qui sont à Rome. Le fort et le fin de ces renseignements consiste, au reste, à vous apprendre ce que vous n'ignorez pas, j'espère. . . . .

Je pars le 21 pour Fontainebleau, ce qui m'empêchera peut-être d'aller en Angleterre, comme je me l'étais proposé, à la fin de ce mois. J'y reste jusqu'au 5 juillet, c'est-à-dire jusqu'à la fin du séjour. Je pense que vous serez revenue la semaine prochaine, et que je vous verrai avant mon départ. J'espère que cela vous déterminera à vous hâter un peu, si besoin est. Vous ne me parlez pas de votre santé. Je suppose que, malgré la mauvaise cuisine papale, vous revenez en bon point. J'ai été presque toujours grippé plus ou moins, poussif par-dessus le marché, comme à mon ordinaire. Le séjour de Fontainebleau va m'achever, selon toute apparence. Je vous dirai pourquoi je n'ai pas cherché à esquiver cet honneur.

Je pense à faire un petit voyage en Allemagne cet été pour aller voir les propylées de Munich, de mon ami M. Klenze, et aussi pour prendre des eaux qu'on me conseille, bien que cela ne m'inspire pas grande confiance. Comme je ne m'habitue pas à être malade, je tiens beaucoup à guérir et je ne veux pas qu'il y ait de ma faute si je n'y parviens pas.

Vous n'avez pas osé lire probablement *Mademoiselle de la Quintinie* pendant que vous étiez en terre sainte. Cela est médiocre. Il n'y a qu'une scène assez jolie. Je ne sache rien de nouveau qui soit digne de votre colère en fait de romans. *Chmielnicki* en est à son cinquième article, que je corrige, et ce ne sera pas le dernier. Je vous donnerai les épreuves, si vous voulez et si vous pouvez les lire non corrigées. Adieu, chère amie; je voudrais bien vous décider à faire diligence.

CCLXIV

Château de Fontainebleau, jeudi 2 juillet 1863.

Chère amie, j'aurais voulu répondre plus tôt à votre lettre, qui m'a fait grand plaisir; mais, ici, on n'a le temps de rien faire et les jours passent avec une rapidité prodigieuse sans qu'on sache comment. La grande et principale occupation, c'est de boire, manger et dormir. Je réussis aux deux premières, mais très-mal à la dernière. C'est une très-mauvaise préparation au sommeil que de passer trois ou quatre heures, en pantalon collant, à ramer sur le lac et à gagner des toux terribles. Nous avons ici quantité de monde assez bien assorti, ce me semble, beaucoup moins officiel que d'ordinaire; ce qui ne nuit pas à l'entente cordiale entre les invités. On fait de temps en temps des promenades à pied dans le bois, après avoir dîné sur l'herbe comme les bonnetiers de la rue Saint-Denis.

Avant-hier, on a apporté ici quelques très-grandes caisses de la part de Sa Majesté Tu-Duc, empereur de Cochinchine. On les a ouvertes dans une des cours. Dans les grandes caisses, il y en avait de plus petites peintes en rouge et or et couvertes de cancrelats. On a ouvert la première, qui contenait deux dents d'éléphant fort jaunes et deux cornes de rhinocéros, plus un paquet de cannelle moisie. Il sortait de tout cela des odeurs inconcevables, tenant le milieu entre le beurre fort et le poisson gâté. Dans l'autre caisse, il y avait une grande quantité de pièces d'étoffes très-étroites ressemblant à de la gaze, de toute sorte de vilaines couleurs, toutes plus ou moins sales et, de plus, moisies. On avait annoncé des médailles d'or, mais elles étaient absentes, et probablement elles sont restées en Cochinchine. Il résulte que ce grand empereur Tu-Duc est un escroc.

Hier, nous avons été faire manœuvrer deux régiments de cavalerie et nous avons été horriblement cuits. Toutes les dames ont des coups de soleil. Aujourd'hui, nous allons faire un dîner espagnol dans la forêt, et je suis chargé du *gaspacho*, c'est-à-dire de faire manger de l'oignon cru à des dames qui s'évanouiraient au seul nom de ce légume. J'ai défendu qu'on les avertît, et, quand elles en auront mangé, je me réserve de leur faire un aveu dans le genre de celui d'Atrée.

Je suis charmé que mon *Cosaque*[1] ne vous ait pas trop ennuyée. Je commence à en être bien las

1. *Bogdan Chmielnicki*, publié dans le volume intitulé *les Cosaques d'autrefois*.

pour ma part. Il faut que je l'enterre le 1er du mois prochain, et je ne sais comment j'en pourrai venir à bout. Je ne puis parvenir à travailler ici bien que j'aie apporté toutes mes notes et mes, bouquins. Adieu, chère amie; je pense être ici jusqu'à lundi ou mardi au plus tard. Cependant on prétend que, vu notre grande amabilité, on veut nous retenir quelques jours encore. J'espère bien vous retrouver à Paris. Encore adieu.

CCLXV

Londres, 12 août 1863.

Chère amie, je vous remercie de votre lettre, que j'attendais impatiemment. Je croyais trouver Londres vide, et, en effet, c'est la première impression que j'ai éprouvée. Mais, au bout de deux jours, je me suis aperçu que la grande fourmilière était encore habitée et surtout, hélas! qu'on y mangeait tout autant et tout aussi longuement que l'année passée. N'est-ce pas inhumain que cette lenteur avec laquelle on dîne dans ce pays-ci ! Cela m'ôte jusqu'à l'appétit. On n'est jamais moins de deux heures et demie à table, et, si on ajoute la demi-heure que les hommes laissent aux femmes pour dire du mal d'eux, il est toujours onze heures quand on retourne au salon. Ce ne serait que demi-mal si on mangeait tout le temps; mais, à l'exception du mouton rôti, je ne trouve rien à mon goût.

Les grands hommes m'ont paru un peu vieillis depuis ma dernière visite. Lord Palmerston a renoncé à son râtelier, ce qui le change beaucoup. Il a conservé ses favoris et a l'air d'un gorille en gaieté. Lord Russell a l'air de moins bonne humeur. Les grandes beautés de la saison sont parties, mais on n'en faisait pas grand éloge. Les toilettes m'ont paru, comme toujours, très-médiocres et chiffonnées; mais rien ne résiste à l'air de ce pays-ci. Ma gorge en est la preuve. Je suis enroué comme un loup et je respire très-mal. Je pense que vous devez avoir moins chaud que nous et que les bains de mer doivent vous donner de l'appétit. Je commence à m'ennuyer de Londres et des Anglais. Je serai de retour à Paris avant le 25. Et vous? J'ai lu un livre assez amusant:

l'*Histoire de George III*, par un M. Phillimore, qui traite ce prince de coquin et de bête. C'est très-spirituel et assez bien justifié. J'ai acheté le dernier ouvrage de Borrow trente francs, *the Wild Wales*. Si vous le voulez pour quinze francs, je serai charmé de vous le céder. Mais vous n'en voudrez pas pour rien. Ce garçon a tout à fait baissé. Adieu, chère amie.

CCLXVI

Paris, 30 août 1863.

Je pars demain pour Biarritz avec Panizzi, qui est venu me joindre hier. Nous sommes emmenés par notre gracieuse souveraine, qui nous hébergera, je ne sais combien de temps, au bord de l'Océan. Puis j'irai faire mon installation à Cannes en octobre. Je reviendrai à Paris pour la discussion de l'adresse, et j'y passerai probablement tout le mois de novembre. J'espère vous voir alors, en dépit des présidents et des veaux marins.

J'ai un livre extrêmement curieux que je vous prêterai si vous êtes sage et aimable à mon égard. C'est la relation, faite par un imbécile, d'un procès du XVIIe siècle. Une religieuse de la famille de Sa Majesté *faceva l'amore* avec un gentilhomme milanais, et, comme il y avait d'autres religieuses à qui cela déplaisait, elle les tuait, assistée de son amant. C'est très-édifiant et très-intéressant sous le rapport des mœurs.

Lisez *une Saison à Paris,* par madame de ***.

C'est une personne pleine de candeur, qui a éprouvé un très-grand besoin de *plaire* à Sa Majesté, et qui, dans un bal, le lui a dit en termes catégoriques et si clairs, qu'il n'y a que vous au monde qui ne l'eussiez pas compris. Il en a été si stupéfait, qu'il n'a pas d'abord trouvé quelque chose à répondre, et ce n'est que trois jours après, dit-on, qu'il s'est laissé cosaquer. J'imagine que vous faites le signe de la croix et que vous prenez de ces figures horrifiées que je vous connais.

Avez vous lu la *Vie de Jésus*, de Renan? Probablement non. C'est peu de chose et beaucoup. Cela est comme un grand coup de hache dans l'édifice du catholicisme. L'auteur est si épouvanté de son audace à nier la Divinité, qu'il se perd dans des hymnes d'admiration et d'adoration, et qu'il ne lui reste plus de sens philosophique pour juger la doctrine. Cependant, cela est intéressant, et, si vous ne l'avez pas lu, vous le lirez avec plaisir.

J'ai mes paquets à faire et il faut que je vous quitte. Mon adresse est jusqu'à nouvel ordre : *Villa Eugénie, Biarritz (Basses-Pyrénées).* Donnez-moi vite de vos nouvelles. Adieu.

CCLXVII

Cannes, 19 octobre 1863.

Chère amie, je suis ici depuis huit jours, me reposant au désert des fatigues de la cour. Il fait un temps magnifique et je lis dans mon journal que votre Loire déborde. J'en conclus que vous avez un temps affreux et je vous plains du fond du cœur. Je ne jouirai de la Provence qu'une quinzaine de jours encore. Il va falloir retourner pour l'ouverture de la session ; j'en ai une assez médiocre opinion. La mort de M. Billault la commence très-mal. Depuis quelque temps, j'ai beaucoup pratiqué, prêché et fait prêcher M. Thiers, mais je ne sais ce qui en résultera. Il me semble que nous nous rapprochons de plus en plus des anciens errements parlementaires, et que nous allons recommencer le cycle des mêmes fautes et peut-être des mêmes catastrophes. Joignez à cela toute la peine que prennent les cléricaux pour se faire détester et pour tendre la corde jusqu'à ce qu'elle casse. En voilà bien assez pour voir l'avenir d'une vilaine couleur. Vous saurez qu'en venant ici, nous avons déraillé près de Saint-Chamas. Je n'ai rien eu, pas même la peur, car je n'ai compris le danger que lorsqu'il était passé. Il n'y a eu de maléficiés que les employés de la poste, qui sont tombés pêle-mêle avec leurs tables et leurs caisses. Tout s'est réduit à des contusions assez fortes, mais sans membres cassés. Avez-vous lu le mandement de l'évêque de Tulle, qui ordonne à toutes les religieuses de son diocèse de réciter des *Ave*, en l'honneur de M. Renan, ou plutôt pour empêcher

que le diable n'emporte tout, à cause du livre de
ce même M. Renan? Puisque vous lisez les lettres
de Cicéron, vous devez trouver qu'on avait bien
plus d'esprit de son temps que du nôtre. Je suis
accablé de honte toutes les fois que je pense à
notre XIXe siècle et que je le trouve de toute
façon si inférieur à ses prédécesseurs. Je crois
vous avoir fait lire les *Lettres de la duchesse de
Choiseul.* Je voudrais bien qu'on essayât d'imprimer aujourd'hui celles de la plus belle de nos
lionnes. Je vous quitte pour aller pêcher à la
ligne, ou plutôt pour voir pêcher, car je n'ai jamais pu prendre un poisson. Mais le mieux de
la chose, c'est qu'on en fait au bord de la mer
une soupe excellente, pour ceux qui aiment
l'huile et l'ail. Je suppose que vous êtes de ces
derniers.

Vous trouverai-je à Paris au commencement de
novembre? Je compte pouvoir y passer tout le
mois, sauf peut-être quelques jours à Compiègne,
si ma souveraine m'y invite pour sa fête. Adieu,
chère amie.

CCLXVIII

Château de Compiègne, 16 novembre 1863, au soir.

Chère amie, depuis mon arrivée ici, j'ai mené la vie agitée d'un impresario. J'ai été auteur, acteur et directeur. Nous avons joué avec succès une pièce un peu immorale, dont, à mon retour, je vous conterai le sujet. Nous avons eu un très-beau feu d'artifice, bien qu'une femme qui voulait voir les fusées de trop près ait été tuée tout roide. Nous faisons de grandes promenades et je me suis tiré de tout cela, jusqu'à présent, sans rhume. On me garde ici encore une semaine; probablement, je resterai à Paris jusqu'aux premiers jours de décembre, et je m'en retournerai à Cannes, que j'ai laissé tout en fleurs. Il est impossible d'imaginer quelque chose de plus beau que ces champs de jasmin et de tubéreuses. Je ne m'y suis pas très-bien porté cependant, et, les derniers jours surtout, j'étais très-dolent et mélancolique.

Vous m'écrivez si laconiquement, que vous ne répondez jamais à mes questions. Vous avez une manière à vous de ne faire que vos caprices, qui me confond toujours; vous plaisantez, vous promettez; quand je lis vos lettres, je crois vous entendre parler : je suis désarmé, mais furieux au fond. Vous ne me dites seulement pas ce que devient cette charmante enfant qui vous intéresse tant. Faites en sorte, je vous prie, qu'elle ne soit pas sotte comme la plupart des femmes de ce temps-ci. Jamais, je crois, on n'en a vu de pareilles. Vous me direz ce qu'elles sont en province; si c'est pire qu'à Paris, je ne sais dans quel désert il faudra se fourrer. Nous avons ici mademoiselle ***, qui est un beau brin de fille de cinq pieds quatre pouces, avec toute la gentillesse d'une grisette et un mélange de manières aisées et de timidité honnête, quelquefois très-amusant. On paraissait craindre que la seconde partie d'une charade ne répondît pas au commencement (commencement dont j'étais l'auteur) :

— Cela ira bien, dit-elle; nous montrerons nos jambes dans le ballet et cela leur tiendra lieu de tout.

N.-B. — Ses jambes sont comme deux fla-geolets, et elle a des pieds peu aristocratiques. Adieu, chère amie. . . . .

. . . .

CCLXIX

Paris, vendredi 12 décembre 1863.

Chère amie, j'allais vous écrire quand j'ai reçu votre lettre. Vous vous plaignez d'être enrhumée, mais vous ne savez pas ce que c'est que de l'être. Il n'y a qu'une personne enrhumée, en ce moment, à Paris, et cette personne, c'est moi. Je passe ma vie à tousser et à étouffer, et, si cela dure, vous aurez bientôt à faire mon oraison funèbre. Je pense fort à Cannes, et ce n'est que sous son soleil que je guérirai. Il faut auparavant que je vote cette longue et filandreuse adresse que notre président, si digne de son nom, nous a composée. . . . .

. . . .

Connaissez-vous Aristophane? Cette nuit, ne

pouvant dormir, j'ai pris un volume que j'ai lu tout entier et qui m'a très-amusé. J'ai une traduction pas trop bonne à vos ordres. Il y a des choses qui feront beaucoup de peine à votre pruderie, mais qui vous intéresseront, surtout maintenant que vous avez appris quelque chose des mœurs antiques dans Cicéron. Adieu. . . .
. . . .

CCLXX

Cannes, 12 janvier 1864.

Chère amie, j'ai été malade presque pour tout de bon en arrivant ici. J'ai apporté de Paris un rhume abominable, et ce n'est que depuis deux jours que je commence à redevenir moi-même ; je ne sais ce que je serais devenu si j'étais resté à Paris, avec la neige que vous avez, à ce que je vois dans les journaux. Ici, nous avons un temps admirable ; rarement des nuages et presque toujours au moins 14 degrés. Quelquefois, le vent d'est nous apporte une teinte de neige prise sur les Alpes, mais nous sommes dans une oasis privilégiée. On nous dit que tout est sous la neige aux environs. A Marseille, à Toulon et même à Hyères, on dit que la terre en est couverte. Je me représente un Marseillais en temps de neige. C'est quelque chose comme un chat sur la glace avec des coquilles de noix aux pattes. Il y a très-longtemps que, même à Cannes, on n'a vu un hiver si beau et si bénin.

Je suis charmé qu'Aristophane ait eu l'heur de vous plaire. Vous me demandez si les dames athéniennes assistaient aux représentations ? Il y a des savants qui disent oui, il y en a qui disent non. Si vous étiez allée voir Karagueuz lorsque vous étiez en Orient, vous y auriez trouvé sans doute beaucoup de femmes. En Orient, aujourd'hui et autrefois, dans l'antiquité, on n'a et on n'avait pas la pruderie que vous avez à présent ; on voyait à chaque instant des hommes en costume de natation, et il y avait dans tous les carrefours des statues de divinités qui donnaient aux dames des idées exagérées de la nature humaine. Comment appelez-vous cette comédie où l'on habille Euripide en femme ? Comprenez-vous la mise en scène et le rôle du gendarme scythe? Ce qui est plus extraordinaire que tout, c'est la façon sans gêne dont Aristophane parle des dieux, précisément le jour de leur fête, car c'était aux Dionysiaques qu'on a donné *les Grenouilles*, où Bacchus joue un si singulier rôle. La même chose a eu lieu dans les premiers temps du christianisme. On jouait la comédie dans les églises. Il y avait la messe des sots et la messe de l'âne, dont on a le texte à jour dans un manuscrit très-curieux. Ce sont les méchants qui ont gâté tout en doutant. Lorsque tout le monde croyait, tout était permis. Outre les sottises qu'Aristophane jette dans ses pièces comme du gros sel, il y a des chœurs de la poésie la plus belle. Mon vénéré maître M. Boissonade disait qu'aucun autre Grec n'avait fait mieux. Je vous recommande, si vous ne l'avez pas lu encore, *les Nuées*. C'est, à mon avis, la meilleure pièce qui se soit conservée de lui. Il y a un dialogue du Juste et de l'Injuste, qui est du style le plus élevé. Je crois qu'il y a quelque chose de vrai dans les reproches qu'il fait à Socrate ; même après l'avoir entendu dans Platon, on est tenté d'excuser la ciguë. C'est une peste qu'un homme qui prouve à chacun, comme Socrate, qu'on n'est qu'une bête.

Je viens de voir que les conspirations recommencent. Je ne doute pas que ces diables d'Italiens et ces non moins diables de Polonais ne veuillent mettre le monde en feu; et malheureusement il est si bête, qu'il se laissera faire. J'ai eu des lettres d'Italie qui me font craindre qu'au printemps les volontaires et Garibaldi ne tentent quelque pointe contre la Vénétie. Il ne nous manquerait qu'un accident de cette espèce pour nous achever de peindre! — Adieu, chère amie; je tâche de penser le moins possible à l'avenir. Portez-vous bien, pensez un peu à moi. Avez-vous quelque idée pour le 14 février, jour de la Sainte-Eulalie?

Adieu encore.

CCLXXI

Cannes, 17 février 1864.

Chère amie, puisque vous avez bien voulu prendre la peine de lire Aristophane, je vous pardonne vos façons et vos pruderies en le lisant. Convenez seulement qu'il est très-spirituel, et que l'on serait bien aise de voir jouer une de ses comédies. Je ne sais quelle est l'opinion des érudits à présent sur la présence des femmes dans le théâtre. Il est probable qu'il y a eu des temps de tolérance et d'intolérance dans le même pays, mais les femmes ne montaient jamais en scène. Leurs rôles étaient joués par des hommes, ce qui était d'autant plus facile que tous les acteurs avaient des masques. . . . .

Je suis très-souffrant, chère amie, et je me sens m'en aller vers un monde meilleur par une marche qui n'est pas des plus agréables. De temps en temps maintenant, les intervalles sont plus rapprochés qu'ils ne l'étaient autrefois; j'ai des crises, et des spasmes très-douloureux. Je ne dors presque pas, je n'ai pas d'appétit et je me sens d'une faiblesse dont je m'indigne. La moindre promenade m'accable. Que deviendrai-je lorsqu'au lieu d'un ciel magnifique, j'aurai le ciel de plomb de Paris, la pluie et le brouillard en permanence! Je songe pourtant à retourner à la fin de ce mois, si j'en ai la force, car je suis un peu honteux de ne faire aucun de mes métiers officiels. Il faut s'exécuter enfin, et prendre un parti, quoi qu'il arrive. J'attendrai pour la Sainte-Eulalie, puisque j'ai déjà attendu assez longtemps. Je crois que, du côté des broches et des bagues, l'embarras est le même. Il y a encombrement dans les tiroirs de ma cousine depuis le temps que je lui souhaite sa fête. J'ai épuisé toutes les variétés de brimborions possibles. Si vous avez découvert quelque chose de très-extraordinaire et qui ne soit pas ruineux, vous aurez résolu un grand problème. Il y en a un autre bien plus intéressant encore, et sur lequel j'aurai à vous consulter. C'est sur la façon honnête ou non de faire venir des habits d'Angleterre. Il ne se peut pas que, parmi vos loups marins, il ne se trouve pas quelqu'un à qui M. Poole pourrait envoyer mes vêtements. Réfléchissez à cela et vous me rendrez grand service. Adieu, chère amie. J'ai passé une nuit abominable et je tousse à me rompre le crâne. J'espère que vous avez échappé à toutes les grippes qu'on m'annonce. Il semble qu'à Paris tout le monde est atteint et qu'il y a même des gens assez bêtes pour en mourir. Adieu encore.

CCLXXII

Vendredi, 18 mars 1864.

Je suis à vous écrire au Luxembourg, pendant que l'archevêque de Rouen est à foudroyer l'impiété. J'ai été très-souffreteux; je n'ai jamais deux bons jours de suite, mais souvent plusieurs mauvais. Je ne sais pas encore si je serai en état d'aller en Angleterre, comme j'en avais le projet. Cela dépendra du temps et de mes poumons.

Je suis tenu maintenant au Luxembourg, mais nous enterrons la synagogue, j'espère, la semaine prochaine, et alors je serai plus libre. Si vous n'avez pas vu les nouvelles salles où l'on a mis la collection des vases et des terres cuites au Louvre, vous feriez bien d'y aller. Je vous offre mes lumières pour vous y accompagner. Vous y verrez de très-belles choses et d'autres qui vous intéresseront quoique fort pénibles pour votre pruderie. Choisissez votre jour et votre heure.

CCLXXIII

Mercredi, 13 avril 1864.

Chère amie, j'ai bien regretté votre départ; vous auriez dû me dire encore une fois adieu. Vous m'auriez trouvé fort dolent. Je souffre toujours de mes oppressions, malgré l'arsenic et le reste. Depuis que le froid s'est adouci, je commençais à me porter mieux, mais j'ai attrapé un rhume qui me met plus bas que jamais.

Je ne sors guère; cependant, j'ai voulu voir mes maîtres, que j'ai trouvés en très-bonne santé. Cela m'a procuré l'avantage de voir les modes nouvelles, que j'ai médiocrement admirées, surtout les basques des femmes. C'est un signe de vieillesse. Je ne puis digérer les coiffures. Il n'y a pas une femme qui se coiffe pour la figure qu'elle a; toutes prennent leur style sur des têtes à perruque. Un de mes amis que j'ai rencontré là m'a présenté à sa femme, qui est une jeune et jolie personne; elle avait un pied de rouge, les cils peints, et du blanc. Cela m'a fait horreur.

Avez-vous lu le livre d'About[1]? Je l'ai à votre service. Je ne sais s'il a beaucoup de succès. Il y a beaucoup d'esprit cependant. Peut-être les cléricaux ont-ils eu assez de bon sens pour ne pas l'excommunier, ce qui est le plus sûr moyen de faire lire un livre. C'est comme cela qu'ils ont procuré un succès très-profitable, pécuniairement parlant, à Renan; on m'a dit qu'il avait gagné cent sept mille francs à son idylle. J'ai encore à vos ordres trois gros volumes de Taine sur l'histoire de la littérature anglaise. C'est très-spirituel et même très-sensé. Le style est un peu recherché, mais cela se lit avec grand plaisir. Ou bien encore deux volumes de M. Mézières sur un sujet analogue, les contemporains et les successeurs de Shakspeare. C'est du Taine réchauffé, ou plutôt refroidi. Quant aux romans, je n'en lis plus.

Nous allons nommer demain à l'Académie le Marseillais Autran ou Jules Janin. Le premier selon toute apparence. Mon candidat sera battu. Je me promets de ne plus aller à l'Académie que

---

1. *Le Progrès.*

pour toucher mes indemnités, quatre-vingt-trois francs trente-trois centimes, tous les mois. D'ici à deux ans, nous allons avoir une mortalité effrayante. J'ai contemplé hier les figures de mes confrères; sans parler de la mienne, on dirait des gens qui attendent le fossoyeur. Je ne sais qui l'on prendra pour les remplacer. Quand revenez-vous? Vous aviez parlé de quinze jours à *** seulement; mais je suppose que, selon votre habitude, vous ferez de ces quinze jours un long mois. Je souhaite vous revoir bientôt et nous promener comme autrefois en admirant la belle nature. Ce serait l'occasion rare pour moi de faire un peu de poésie.

Adieu, chère amie; écrivez-moi. Si vous n'avez que la bibliothèque de la ville à votre disposition, vous ferez bien de lire Lucien, traduit par Perrot d'Ablancourt ou par tout autre ; cela vous amusera et entretiendra vos goûts helléniques.

Je suis plongé dans une histoire de Pierre le Grand dont je ferai part au public. C'était un abominable homme, entouré d'abominables canailles. Cela m'amuse assez.

Répondez-moi aussitôt que vous aurez reçu ma lettre.

CCLXXIV

Londres, *British Museum*, 21 juillet 1864.

Chère amie, vous avez deviné ma retraite. Je suis ici depuis la dernière fois que nous nous sommes vus, ou, pour parler plus exactement, depuis le lendemain. Je passe ma vie, de huit heures du soir jusqu'à minuit, à dîner en ville, et, le matin, à voir des livres et des statues, ou bien à faire mon grand article sur le fils de Pierre le Grand, que j'ai envie d'intituler : *Du danger d'être bête*, car la morale à tirer de mon travail, c'est qu'il faut avoir de l'esprit. Je pense que vous trouverez çà et là, dans une vingtaine de pages, des choses qui vous intéresseront, notamment comment Pierre le Grand fut trompé par sa femme. J'ai traduit avec beaucoup de peine et de soin les lettres d'amour de sa femme à son amant, lequel fut empalé pour la peine. Elles sont vraiment mieux qu'on ne l'attendrait du temps et du pays où elle écrivait; mais l'amour fait de ces merveilles. Le malheur est qu'elle ne savait pas l'orthographe, ce qui rend très-difficile aux grammairiens comme moi de deviner ce qu'elle veut dire.

Voici mes projets : je vais lundi à Chevenings, chez lord Stanhope, où je dois rester trois jours. Jeudi, je dîne ici avec beaucoup de monde. Puis, promptement après, je partirai pour Paris. . .

Ici, on ne parle que du mariage de lady Florence Paget, la beauté de Londres, il y a deux saisons. Il est impossible de voir une plus jolie figure sur un corps plus mignon, trop petit et trop mignon pour mon goût particulier. Elle était célèbre pour ses flirtations. Le neveu de M. Ellice, M. Chaplin, dont vous m'avez souvent entendu parler, un grand garçon de vingt-cinq ans et de vingt-cinq mille livres sterling de rente, est devenu amoureux d'elle. Elle l'a lanterné longtemps, puis s'est engagée, comme on dit, en a reçu des bijoux et six mille livres sterling pour payer ses dettes chez sa couturière. Jour pris pour le mariage. Vendredi dernier, ils sont allés ensemble au parc et à l'Opéra. Samedi matin, elle est sortie seule, est allée à l'église Saint-George et s'y est mariée avec lord Hastings, un jeune homme de son âge, très-laid, ayant deux petits défauts, le jeu et le vin. Après la cérémonie religieuse, ils sont allés à la campagne procéder à l'accomplissement des autres cérémonies. A la première station, elle a écrit au marquis son père : *Dear Pa, as I knew you would never consent to my marriage with lord Hastings, I was wedded to him to day. I remain yours,* etc. Elle a aussi écrit à M. Chaplin : *Dear Harry, when you receive this, I shall be the wife of lord Hastings. Forget your very truly* FLORENCE. — Ce pauvre M. Chaplin, qui a six pieds et les cheveux jaunes, est au désespoir.

Adieu, chère amie ; répondez-moi vite.

CCLXXV

Paris, 1ᵉʳ octobre 1864.

Chère amie, je suis encore ici, mais comme l'oiseau sur la branche. J'ai été retardé par mes épreuves, et vous avez pu voir qu'elles avaient grand besoin d'être longuement corrigées. Je pars irrévocablement le 8. Je m'arrêterai pour dormir à Bayonne, et je serai le 11 à Madrid. Je ne sais pas encore combien de temps j'y resterai. Je partirai de Madrid pour Cannes, peut-être sans passer par Paris. L'hiver se fait déjà sentir désagréablement pour ma poitrine, le soir et le matin. Les jours sont magnifiques, mais les soirées fraîches en diable. Prenez garde de vous enrhumer dans le pays humide que vous habitez. Je me plais assez à Paris en cette saison, où il n'y a pas de devoirs de société, et où l'on peut y vivre en ours. Je vais de temps en temps aux nouvelles, mais je n'en attrape guère. Le pape a défendu à Rome les enseignes en français. Il faut qu'elles soient toutes en italien. Il y a dans le Corso une madame Bernard qui vend des gants et des jarretières. On l'a obligée de s'appeler dorénavant la signora Bernardi. Si j'étais le gouvernement, je n'aurais jamais permis cela, eût-il fallu pendre quelque peintre d'enseignes à la première boutique qu'on aurait voulu changer. Lorsque notre armée sera partie, vous verrez ce que ces gens-là feront. . . . .

Ici, les loups-cerviers, c'est-à-dire les gens

d'argent ont vu de très-mauvais œil la nomination
de M. *** à la Banque; mais on ne sait pas que, lorsque quelqu'un est bien posé comme propre à rien,
on le comble. C'est la coutume. M. *** est allé
à la Banque, son bonnet de coton dans la poche,
comptant y coucher le lendemain de sa nomination. On lui a dit que tout était prêt pour le recevoir, seulement qu'il voulût bien accomplir une
petite formalité, c'est de justifier de la propriété
de cent actions de ladite Banque. M. *** ignorait
complétement ce petit article de la charte de l'établissement qu'il va gouverner. Grand embêtement,
d'autant plus qu'on ne trouve pas cent de ces
actions dans le pas d'un cheval, et qu'il faut,
outre l'argent, quelques semaines au moins pour
se les procurer. Vous voyez comment il connaît
son affaire. Il y a encore un grand scandale qui
amuse les gens pervers. Mais je ne vous le raconterai pas, de peur de vous mettre en colère.

Adieu, chère amie.

CCLXXVI

Madrid, 24 octobre 1864.

Chère amie, je suis venu ici par hasard, car je vis à la campagne et j'y serai jusqu'à samedi. Nous avons un froid et une humidité abominables, et la nièce de madame de M... y a gagné un érysipèle. La moitié des gens est malade, et moi très-enrhumé. Vous savez que les rhumes sont graves pour moi qui ai bien de la peine à respirer déjà quand je me porte bien. Le mauvais temps est venu depuis une semaine avec une violence abominable, selon l'ordinaire de ce pays-ci, où les transitions sont inconnues, de quelque espèce qu'elles soient. Vous figurez-vous la misère de gens qui vivent sur un plateau élevé, exposé à tous les vents, n'ayant pour se réchauffer que des *braseros*, meuble très-primitif avec lequel on a le choix de geler ou de s'asphyxier? J'ai trouvé ici que la civilisation avait fait de grands progrès qui, à mes yeux, ne l'ont pas embellie. Les femmes ont adopté vos absurdes chapeaux et les portent de la façon la plus baroque. Les taureaux aussi ont beaucoup perdu de leur mérite, et les hommes qui les tuent sont maintenant des ignorants et des poltrons. Voici la plus belle histoire qui occupe le respectable public. La femme du ministre de ***, lady C..., jeune et jolie, lui laid et vieux, a demandé le divorce, se fondant sur ce que son mari ne lui rendait pas justice. Il y a eu procès à Londres, et il **est** convenu galamment qu'il n'était bon à rien. **Il y a** cependant des femmes à Madrid qui prétendent savoir que c'est une calomnie. Quoi qu'il en soit, la dame a été déclarée vierge, démariée, et presque aussitôt mariée au duc de ***, qui lui faisait la cour depuis quelque temps à Madrid. Il paraît qu'elle n'a pas à se plaindre du nouvel époux comme du premier ; mais voici le diable : le duc de *** est en procès avec une sœur consanguine, la duchesse de ***, pour certains titres, majorats, etc. Elle vient de découvrir que son frère, qui est né en France, avait présenté, pour hériter, un extrait de baptême signé d'un curé, acte qui en France ne fait pas foi en justice. Il se trouve, de plus, que cet acte est faux et démenti par l'acte de naissance à l'état civil, constatant que le duc actuel est né à Paris quelques années auparavant, d'une mère inconnue. Cette mère est la troisième femme du feu duc de ***, alors mariée à un autre, car, dans cette famille, les mariages sont toujours assez bizarres. Cela va faire un joli procès, comme vous voyez, et il se peut très-bien que l'ex-lady C... se trouve un de ces jours sans duché, sans fortune. En attendant, elle va arriver à Madrid avec son mari, et sir J. C... demande son changement.

J'ai fait quelques démarches pour trouver des mouchoirs de *Nipi*; je n'ai pas pu en découvrir encore. Il paraît qu'ils ne sont plus guère de mode. Cependant, on m'en promet pour le commencement du mois. J'espère qu'on me tiendra parole. Il me semble qu'on est assez tranquille, politiquement parlant. D'ailleurs, il fait trop froid en ce moment pour qu'un *pronunciamiento* soit à craindre. Je pense rester ici jusqu'au 10 ou 12 de novembre, si je ne meurs pas de mon rhume auparavant.

Où êtes-vous ? Que faites-vous ? Écrivez-moi vite.

CCLXXVII

Cannes, 4 décembre 1864.

Chère amie, je suis arrivé ici et je ne trouve pas de lettre de vous, ce qui me peine beaucoup.

. . . .

Je passe à un autre chef d'accusation. Vous m'avez donné tout le tracas possible avec vos mouchoirs. Après bien des démarches inutiles, j'ai découvert enfin une demi-douzaine de mouchoirs de Nipi, fort laids. Je les ai pris, bien que tout le monde me dît que, depuis longtemps, c'était passé de mode; mais j'exécutais ma consigne. J'espère que vous avez reçu ces six mouchoirs, ou que vous les recevrez sous peu de jours. Je les ai remis à un de mes amis, qui s'est chargé de les faire porter chez vous. Vous les aviez demandés brodés; il n'y en avait pas d'autres à Madrid que les six qui vous ont été envoyés. Les unis m'ont paru encore plus laids; ils avaient des lisérés rouges comme les mouchoirs des lycéens.

J'ai quitté Madrid par un froid de chien, et tout le long de la route j'ai grelotté. Je n'avais pas fait autre chose pendant tout le temps de mon séjour. De ce côté de la Bidassoa, l'air s'est adouci comme par enchantement, et ici j'ai trouvé la température ordinaire de ce pays. Nous avons un temps magnifique et nul vent. Je pense vous avoir mandé de Madrid tout ce qu'il y avait de mémorable à ma connaissance, notamment les aventures de la duchesse de ***, qui ont dû vous scandaliser. Vous ai-je parlé aussi de cette jeune personne andalouse, amoureuse d'un jeune homme qui se trouve être le petit-fils du bourreau de la Havane? Il y avait menace de suicide de la part de la mère, de la demoiselle et du futur, je veux dire que tous les trois menaçaient de se tuer si leur volonté ne se faisait pas. Lorsque j'ai quitté Madrid, il n'y avait encore personne de mort, et le respectable public était très-prononcé en faveur des amants.

Adieu, chère amie; donnez-moi de **vos** nouvelles, et dites-moi quels sont vos projets pour cet hiver.

CCLXXVIII

Cannes, 30 décembre 1864.

Chère amie, je vous souhaite une bonne année. J'ai écrit à Madrid pour les malencontreux mouchoirs, et, comme je n'ai pas eu de réponse, j'en conclus que mon commissionnaire est à Paris, que vous avez les mouchoirs ou que vous allez les avoir. Je les avais remis à un Espagnol qui devait quitter Madrid en même temps que moi, et par conséquent vous les apporter plus tôt. Il ne faut jamais vouloir le mieux. Ce que je désire, c'est que vous vous contentiez des mouchoirs, qui sont horriblement laids.

Que dites-vous de l'encyclique du pape? Nous avons ici un évêque, homme d'assez d'esprit et de bon sens, qui se voile la face. En effet, il est fâcheux d'être dans une armée dont le général vous expose à une défaite. Je suis sans nouvelles de mon éditeur; je l'ai laissé imprimant mes *Cosaques d'autrefois*, et je pense que cela doit avoir paru. Comme vous connaissez l'anecdote, vous voudrez bien, j'espère, attendre mon retour pour avoir un volume.

Savez-vous que de tous côtés m'arrivaient des compliments sur la succession de M. Mocquard? Je n'y croyais nullement; mais, à force de voir mon nom dans *l'Indépendance belge*, dans le *Times* et dans la *Gazette d'Augsbourg*, j'avais fini par être un peu inquiet. De l'humeur dont vous me connaissez, vous devez penser comme la place me convenait et comme j'y convenais. Aussi, je respire plus librement depuis quelques jours. Y a-t-il des romans nouveaux pour Noël? je dis des romans anglais, car c'est l'époque où ils éclosent! Je n'ai presque pas de livres ici et j'ai envie d'en faire venir. Quand je suis pris de mes quintes de toux la nuit et que je ne puis dormir, je suis malheureux comme les pierres. Figurez-vous que j'ai lu les *Entretiens* de Lamartine. Je suis tombé sur une vie d'Aristote, où il dit que la retraite des Dix mille eut lieu après la mort d'Alexandre. En vérité, ne vaudrait-il pas mieux vendre des plumes métalliques à la porte des Tuileries que de dire de pareilles énormités?

Adieu, chère amie. J'ai trente-cinq lettres à écrire ; j'ai voulu commencer par vous ; je vous souhaite toutes les prospérités de ce monde.

CCLXXIX

Cannes, 20 janvier 1865.

Chère amie, avez-vous enfin reçu vos exécrables mouchoirs de Nipi ? J'ai appris que la personne qui devait les porter à Paris, ayant été nommée membre des Cortès, était restée à Madrid et avait remis les mouchoirs à madame de Montijo, qui n'avait su ce que c'était, car un Espagnol ne brille pas par la clarté. J'ai écrit à la comtesse de Montijo, la priant de donner le paquet à notre ambassadeur, pour l'envoyer chez vous avec le courrier de France. J'espère que vous aurez votre affaire avant de recevoir ma lettre ; mais je ne veux plus prendre la responsabilité de vos commissions, qui me font faire trop de mauvais sang et plus de prose qu'elles ne valent. Ce que vous avez de mieux à faire, c'est de jeter les mouchoirs au feu.

J'ai été très-souffrant de mes oppressions la semaine passée. Nous avons un hiver détestable, non pas froid, mais pluvieux et venteux. Jamais je n'en avais essuyé de pareil. Depuis une semaine, à peu près, en dépit de M. Mathieu (de la Drôme), nous avons de beaux jours et de la chaleur qui me fait le plus grand bien, car mes poumons se portent bien ou mal, selon le baromètre. Je me complais à lire les lettres des évêques. Il y a peu de procureurs plus subtils que ces messieurs; mais le plus fort est M. D..., qui fait dire au pape précisément le contraire de son encyclique, et il ne serait pas impossible qu'on l'excommuniât à Rome. Peuvent-ils espérer qu'un miracle leur rende les Marches, les Légations et le comtat d'Avignon? Le mal, c'est que le monde est si bête, par le temps qui court, que, pour échapper aux jésuites, il faudra peut-être se jeter dans les bras des bousingots.

Je ne sais rien de mes œuvres, et, si vous en aviez appris quelque chose, je vous serais obligé de m'en dire un mot. J'avais corrigé mes épreuves au *Journal des Savants* et chez Michel Lévy ; je n'entends parler ni de l'un ni de l'autre.

Le nombre d'Anglais devient tous les jours plus effrayant. On a bâti sur le bord de la mer un hôtel à peu près aussi grand que celui du Louvre et qui est toujours plein. On ne peut plus se promener sans rencontrer de jeunes miss en caraco Garibaldi avec des chapeaux à plumes impossibles, faisant semblant de dessiner. Il y a des parties de croquet et d'archery, où il vient cent vingt personnes. Je regrette beaucoup le bon vieux temps où il n'y avait pas une âme. J'ai fait la connaissance d'un goëland apprivoisé à qui je donne du poisson. Il l'attrape en l'air toujours la tête la première et en avale qui sont plus gros que mon cou. Vous rappelez-vous une autruche que vous avez failli étrangler au Jardin des plantes (dans le temps où vous l'embellissiez de votre présence) avec un pain de seigle ?

Adieu, chère amie ; je pense revenir bientôt à Paris et vous retrouver avec grand bonheur. Adieu encore. . . , ...

CCLXXX

Cannes, 14 avril 1865.

Chère amie, j'attendais pour vous écrire que je fusse guéri, ou du moins un peu moins souffrant; mais, malgré le beau temps, malgré tous les soins possibles, je suis toujours de même, c'est à dire fort mal. Je ne puis m'habituer à cette vie de souffrance, et je ne trouve en moi ni courage ni résignation. J'attends, pour revenir à Paris, que le temps devienne un peu plus chaud, et probablement j'y serai le 1er mai. Ici, depuis plus de quinze jours, nous avons le plus beau ciel du monde et la mer à l'avenant; ce qui ne m'empêche pas d'étouffer, comme s'il gelait encore. Que devenez-vous, ce printemps? vous retrouverai-je à Paris, ou bien allez-vous à *** pour voir pousser les premières feuilles?

Voilà votre ami Paradol académicien par la volonté des burgraves, qui, à cet effet, ont obligé le pauvre duc de Broglie à revenir à Paris malgré sa goutte et ses quatre-vingts ans. Ce sera une séance curieuse. Ampère a fait une histoire de César très-mauvaise, et en vers, par-dessus le marché ; vous comprenez bien toutes les allusions que M. Paradol trouvera à l'occasion de cette œuvre, oubliée aujourd'hui de tous, excepté des burgraves. Jules Janin est resté à la porte, ainsi que mon ami Autran, qui, étant Marseillais, pour tout potage, a voulu se faire clérical et a été abandonné par ses amis religieux. Vous aurez su peut-être que M. William Brougham, frère de lord Brougham et son successeur à la pairie, vient d'être pris à peu près la main dans le sac dans une affaire d'escroquerie assez laide. Cela fait grand scandale ici, parmi la colonie anglaise. Le vieux lord Brougham fait bonne contenance ; il est, d'ailleurs, parfaitement étranger à toute cette vilenie.

Je lis, pour me faire prendre patience et m'endormir, un livre d'un M. Charles Lambert, qui démolit le saint roi David et la Bible. Cela me semble très-ingénieux et assez amusant. Les cléricaux sont parvenus à faire lire et à rendre populaires des livres sérieux et pédants où, il y a quinze ans, personne n'aurait voulu mettre le nez. Renan est allé en Palestine pour faire de nouvelles études de paysage. Peyrat et ce Charles Lambert font des livres plus érudits et plus sérieux, qui se vendent comme du pain, à ce que dit mon libraire.

Adieu, chère amie. . . . .

CCLXXXI

Paris, 5 juillet 1865.

Chère amie, je commençais à craindre que vous n'eussiez été foudroyée comme madame Arbuthnot, ou que vous n'eussiez été mangée par quelque ours. Je vous croyais certainement au fin fond du Tyrol, lorsque j'ai reçu votre lettre de ***. Selon moi, il vaut mieux voyager par les longs jours qu'en automne; mais, enfin, rien ne vous empêche de voir Munich en septembre. Vous aurez soin seulement de vous pourvoir de vêtements très-chauds, parce que le temps change très-brusquement dans cette grande, vilaine et très-haute plaine de Munich. Rien de plus facile que ce voyage. Vous pouvez y aller par Strasbourg ou, si vous voulez, par Bâle. Je crois qu'à présent on va en chemin de fer jusqu'à Constance. Vous pouvez, en tout cas, y arriver en bateau à vapeur. De Constance, vous vous embarquerez sur le lac pour Lindau : Lindau est une fort jolie petite ville ; et, de là à Kempten, c'est une suite de dioramas admirables. Vous pouvez prendre le chemin de fer pour aller droit à Munich, ou bien vous arrêter en route entre Lindau et Kempten. De Kempten à Munich, il n'y a qu'une plaine fort laide. Vous irez à l'hôtel de *Bavière* et non chez Maullich, où on m'a volé mes bottes. Un valet de place ou le Guide des étrangers vous fera voir tout ce qu'il y a de digne d'attention. Les peintures du palais, d'après les Niebelungen, sont assez intéressantes ; mais il faut des permissions particulières. Tout le reste est ouvert à tout le monde. Vous regarderez, pour m'en rendre compte, les nouvelles propylées de feu mon ami Klenze. Vous regarderez, dans le musée des antiques, le fronton du temple d'Égine et le groupe de marbre dont je vous ai parlé. Les vases grecs sont très-curieux, les tableaux de la Pinacothèque également. Les fresques de Cornélius et autres faux originaux vous feront lever les épaules. Allez boire de la bière dans les jardins publics, où, pour quelques sous, vous entendrez de bonne musique. Vous ferez bien d'aller faire des courses dans le Tyrol bavarois, à Tegernsee, etc., si vous avez le temps. En allant à Salzbourg (ce dont je vous félicite), vous irez voir, si cela vous convient, la mine de sel de Hallein. Il n'y a rien à voir à Innsbruck que le paysage et les statues de bronze de la cathédrale. Dans tous ces pays-là, vous pouvez vous arrêter dans les plus petits villages, sûre d'y trouver un lit et un dîner tolérable. Je voudrais partager ce plaisir avec vous.

Nous avons ici des histoires toutes plus scandaleuses les unes que les autres. . . . . .

Tout cela est fort édifiant et fait craindre que la fin du monde ne soit proche. Achetez-vous des bas verts à Salzbourg ou à Innsbruck, si vous en trouvez qui vous aillent. Les jambes bavaroises sont grosses comme mon corps. Adieu, chère amie; prenez bien soin de vous et amusez-vous. N'oubliez pas de me donner de vos nouvelles. .

. . . .

CCLXXXII

Londres, *British Museum*, 23 août 1865.

Chère amie, votre lettre m'arrive après avoir attendu très-longtemps à Paris, lorsque vous étiez au fond du Tyrol. Il y a environ six semaines que je suis ici. J'ai eu quelques jours de la saison, quelques dîners terribles et deux ou trois des derniers routs. Il m'a semblé que lord Palmerston vieillissait singulièrement, malgré le succès de ses élections, et il me paraît plus que douteux qu'il soit en état de faire la prochaine campagne. A sa retraite, il y aura sans doute une belle crise. Je viens de passer trois jours chez son successeur probable, M. Gladstone; ce qui m'a non amusé, mais intéressé, car j'ai toujours du plaisir à observer les variétés de la nature humaine. Ici, elles sont si différentes des nôtres, qu'on ne s'explique pas comment, à dix heures de distance, les bipèdes sans plumes sont si peu semblables à ceux de Paris. M. Gladstone m'a paru, sous quelques aspects, un homme de génie, sous d'autres un enfant. Il y a en lui de l'enfant, de l'homme d'État et du fou. Il y avait chez lui cinq ou six curés ou *deans,* et, tous les matins, les hôtes du château se régalaient d'une petite prière en commun. Je n'ai pas assisté à un dimanche ; ce doit être quelque chose de curieux. Ce qui m'a paru préférable à tout a été une sorte de petit pain mal cuit qu'on tire du four au moment de déjeuner et qu'on a beaucoup de peine à digérer de toute la journée. Ajoutez à cela le *civrn* dur, c'est-à-dire l'ale du pays de Galles, qui est célèbre. Vous avez su sans doute qu'on ne porte plus à présent que des cheveux roux. Il paraît que rien n'est plus facile en ce pays, et je doute qu'on les teigne. Il n'y a plus personne ici depuis un mois. Pas un seul cheval dans le *Rotten row*; mais j'aime assez une grande ville dans cet état de mort. J'en profite pour voir les lions. Hier, je suis allé au Palais de cristal et j'ai passé une heure à regarder un chimpanzé presque aussi grand qu'un enfant de dix ans et si semblable par ses actions à un enfant, que je me suis senti **humilié de la parenté incontestable.** Entre autres singularités, j'ai remarqué le *calcul* de l'animal à mettre en mouvement une balançoire assez lourde, et à ne sauter dessus que lorsqu'elle avait atteint son maximum de mouvement. Je ne sais pas si tous les enfants auraient eu autant le génie de l'observation. J'ai fait ici une grande tartine sur l'*Histoire de César*, dont je ne suis pas trop mécontent : il y a à boire et à manger, comme on dit en style académique, et, la semaine prochaine, je reviens à Paris pour la lire au *Journal des Savants*. Il ne serait pas impossible que je vous y retrouvasse ; je commence à avoir assez de Londres. Un instant, j'ai eu l'idée de faire une excursion en Écosse; mais j'y serais tombé au milieu des chasseurs, race que j'abhorre. Un journal a mis dans les dépêches télégraphiques que Ponsard était mourant. Depuis, je n'en ai plus entendu parler, et mes lettres, même académiques, n'en disent rien. J'y prends un grand intérêt. Peut-être, au reste, n'est-ce là qu'un faux bruit. Adieu, chère amie; donnez-moi de vos nouvelles à Paris, où je serai bientôt, et tenez-moi au courant de vos mouvements. Revenez du Tyrol avec des bas verts, je vous en prie;

mais je vous défie de rapporter des jambes de la taille de celle des montagnardes.

CCLXXXIII

Paris, 12 septembre 1865, au soir.

Chère amie, je suis ici depuis quelques jours. J'ai passé par Boulogne, et, pendant qu'on nous amarrait au quai, il y avait une telle foule, que je me demandais ce que l'arrivée d'un bateau à vapeur pouvait avoir de si intéressant. Il faudrait prévenir les Anglaises qu'elles font une grande exhibition de jambes et même mieux en bordant le quai lorsque la mer est basse. Ma pudeur a souffert.

Paris est plus vide que jamais cette année. Il me plaît assez pourtant en cet état. Je me lève et me couche tard, je lis beaucoup et ne sors guère de ma robe de chambre; j'en ai une japonaise, à ramages sur un fond jaune-jonquille plus brillant que la lumière électrique.

J'ai passé mon temps sans trop m'ennuyer en

Angleterre. Outre quelques courses assez agréables, j'ai fait, pour le *Journal des Savants*, cet article sur la *Vie de Jules César* dont je vous ai parlé déjà. Comme c'est la compagnie en corps qui m'avait imposé la tâche, il a fallu s'exécuter. Vous savez tout le bien que je pense de l'auteur et même de son livre; mais vous comprenez les difficultés de la chose, pour qui ne voudrait pas passer pour courtisan, ni dire des choses inconvenantes. J'espère m'être tiré d'affaire assez bien. J'ai pris pour texte que la République avait fait son temps et que le peuple romain s'en allait à tous les diables si César ne l'eût tiré d'affaire. Comme la thèse est vraie et facile à soutenir, j'ai écrit des variations sur cet air. Je vous en garderai une épreuve. Les mœurs sont toujours en progrès. Un fils du prince de C... vient de mourir à Rome. Il avait un frère et des sœurs pas riches. Lui était ecclésiastique, monsignor, et avait deux cent mille livres de rente. Il a laissé le tout à un petit abbé de secrétaire qu'il avait... C'est absolument comme si Nicomède avait légué son royaume à César. Je gage que vous ne comprenez pas du tout.

Moi aussi, j'avais envie de faire un voyage en

Allemagne et je vous aurais peut-être surprise à Munich, mais mon voyage a manqué. J'allais voir mon ami Kaullo, cet aimable juif dont je vous ai parlé plus d'une fois. Or, il vient lui-même en France et je renonce à l'Allemagne. L'un de mes amis qui revient de Suisse ne se loue pas du temps qu'il fait; cela diminue mes regrets.

Il m'a semblé que Boulogne s'embellit beaucoup, tant dans ses maisons que dans ses habitants. J'y ai vu des pêcheuses coquettement habillées et des maisons neuves très-jolies; mais quelles Anglaises et quels chapeaux *pork pies!* Hier, je suis allé chez la princesse Murat, qui est à peu près remise de sa terrible chute. Il ne lui reste plus qu'un œil un peu cerné de noir et une pommette de joue un peu rouge. Elle a raconté son accident très-bien. Elle a perdu tout souvenir de sa chute et de ce qui s'en est suivi pendant trois ou quatre heures. Elle a vu son cocher, qui était un colonel suisse, lancé en l'air, très-haut au-dessus de sa tête; puis, quatre heures après, elle s'est retrouvée dans son lit avec la tête grosse comme un potiron. Dans l'intervalle, elle a marché et parlé, mais elle ne se souvient de rien. J'espère, et il est probable, que, dans les moments qui précèdent la mort, il y a aussi perte de conscience. J'ai trouvé la comtesse de Montijo bien remise de ses deux opérations. Elle se loue extrêmement de Liebreich, son oculiste, qui paraît être un grand homme. Tâchez de n'en avoir jamais besoin.

Adieu, chère amie; je vais passer trois jours à Trouville, au commencement de la semaine prochaine; puis je resterai ici jusqu'à ce que l'hiver vienne m'en chasser. Tenez-moi au courant de vos faits et gestes, et de vos projets.

CCLXXXIV

Paris, 13 octobre 1865.

Chère amie, j'ai trouvé votre lettre hier, en arrivant de Biarritz, d'où Leurs Majestés m'ont ramené en assez bon état de conservation. Cependant, le premier *welcome* de mon pays natal n'a pas été fort aimable. J'ai eu cette nuit une crise d'étouffements, des plus longues que j'eusse essuyées depuis longtemps. C'est, je pense, le changement d'air, peut être l'effet des secousses des treize ou quatorze heures de chemin de fer très-secouant. Il me semblait être dans un van. Ce matin, je suis mieux. Je n'ai encore vu personne, et je ne crois pas qu'il y ait personne encore à Paris. J'ai trouvé des lettres lamentables de gens qui ne me parlent que du choléra, etc., qui m'engagent à fuir Paris. Ici, personne n'y pense, à ce qu'on me dit, et, de fait, je crois que, sauf quelques ivrognes, il n'y a pas eu de malades sérieux. Si le choléra eût commencé par Paris, probablement on n'y aurait pas fait attention. Il a fallu la couardise des Marseillais pour nous en avertir. Je vous ai fait part de ma théorie au sujet du choléra : on n'en meurt que lorsqu'on le veut bien, et il est si poli, qu'il ne vient jamais vous visiter qu'en se faisant précéder par sa carte de visite, comme font les Chinois.

J'ai passé le temps le mieux du monde à Biarritz. Nous avons eu la visite du roi et de la reine de Portugal. Le roi est un étudiant allemand très-timide. La reine est charmante. Elle ressemble beaucoup à la princesse Clotilde, mais en beau ; c'est une édition corrigée. Elle a le teint d'un blanc et d'un rose rares, même en Angleterre. Il est vrai qu'elle a les cheveux rouges, mais du rouge très-foncé à la mode à présent. Elle est fort avenante et polie. Ils avaient avec eux un certain nombre de caricatures mâles et femelles, qui semblaient ramassées exprès dans quelque magasin rococo. Le ministre de Portugal, mon ami, a pris la reine à part, et lui a appris sur mon fait une petite tirade que Sa Majesté m'a aussitôt répétée avec beaucoup de grâce. L'empereur m'a présenté au roi, qui m'a donné la main et m'a regardé avec deux gros yeux ronds ébahis, qui ont failli me faire manquer à tous mes devoirs. Un autre personnage, M. de Bismark, m'a plu davantage. C'est un grand Allemand, très-poli, qui n'est point naïf. Il a l'air absolument dépourvu de *gemüth*, mais plein d'esprit. Il a fait ma conquête. Il avait amené une femme qui a les plus grands pieds d'outre-Rhin et une fille qui marche dans les traces de sa mère. Je ne vous parle pas de l'infant don Enrique ni du duc de Mecklembourg, je ne sais quoi. Le parti légitimiste est dans tous ses états depuis la mort du général Lamoricière. J'ai rencontré aujourd'hui

un orléaniste de la vieille roche, pour le moins
aussi désolé. Comme on devient grand homme
à peu de frais, à présent! Veuillez me dire ce que
je puis lire des belles choses faites depuis que j'ai
cessé de vivre parmi le peuple le plus spirituel
de l'univers. Je voudrais bien vous voir. Adieu;
je vais me soigner jusqu'à ce que les fêtes de
Compiègne me rendent malade.

CCLXXXV

Paris, 8 novembre 1865.

Chère amie, j'ai tardé à vous écrire parce que
j'étais comme l'oiseau sur la branche, mais pourtant attaché par la patte. En prenant congé de
mon hôtesse de Biarritz, j'aurais voulu aller dans
mon hivernage ordinaire prévenir les premières
atteintes du froid; mais on m'a prié de rester pour
la première série de Compiègne, et la demande
était faite avec tant de bonne grâce, qu'il n'y avait
pas moyen de refuser. Puis sont venues les questions cholériques : ira-t-on, n'ira-t-on pas à Com-

piègne? Hier seulement, elles ont été résolues. On y va, et je pars le 14 pour revenir le 20. Maintenant, dites-moi si, entre le 14 et après le 20, il y a quelque chance de vous voir.

Je suis revenu de Biarritz en très-bon état de conservation; mais, au bout de trois jours, j'ai senti toutes les rigueurs du changement de climat. Le fait est que j'ai été presque toujours très-souffrant, non pas du choléra, mais de mon mal ordinaire, le non respirer, dont Dieu vous préserve! Depuis quelques jours, je suis bien mieux. Je pense que Compiègne me fera beaucoup de mal, mais je prendrai mon vol pour le Midi et je compte sur le soleil pour passer l'hiver, que les successeurs de M. Mathieu (de la Drôme) nous annoncent comme très-rude. Je suppose que vous vous figurez être dans un doux climat aux bords de la Loire. J'espère, au moins, que vous n'avez ni rhume ni rhumatisme. Que je voudrais pouvoir en dire autant!

Vous n'imaginez pas les cancans du mariage de la princesse Anna, ni la colère et la rage comique du faubourg Saint-Germain. Il n'y a pas de famille ayant une fille qui ne comptât sur le duc de Mouchy. La grande question qu'on se fait est celle-ci : « S'ils font des visites, mettrons-nous des cartes chez eux? » D'un autre côté, il y a en ce moment une demoiselle à marier avec quelques millions dans la poche et une cinquantaine d'autres après. C'est une très-jolie personne, un peu mystérieuse, fille de M. Heine, qui est mort cette année, adoptive, s'entend, et dont personne au monde ne sait l'origine. Mais, moyennant les millions, les plus beaux noms de France, d'Allemagne et d'Italie sont prêts à toutes les platitudes. Ces sortes d'enfants adoptifs sont très-agréables à la déesse Fortune. Les Grecs aujourd'hui les appellent ψυχοπαίδια, enfants de l'âme; n'est-ce pas un joli nom?

Avez-vous lu les *Chansons des rues et des bois*, de Victor Hugo? Je pense qu'à *** on peut les lire. Pourriez-vous me dire si vous trouvez qu'il y a une très-grande différence entre ses vers d'autrefois et ceux d'aujourd'hui? Est-il devenu subitement fou, ou l'a-t-il toujours été? Quant à moi, je penche pour le dernier.

Il n'y a plus qu'un homme de génie à présent : c'est M. Ponson du Terrail. Avez-vous lu quelqu'un de ses feuilletons? Personne ne manie comme lui le crime et l'assassinat; j'en fais mes délices. Si vous étiez ici, j'essayerais d'ébranler votre orthodoxie en vous faisant lire un livre assez curieux sur Moïse, David et saint Paul. Ce ne sont pas des idylles comme en fait Renan, mais des dissertations un peu trop lardées de grec et même d'hébreu; mais cela vaut la peine d'être lu; et, recourant au texte, l'histoire de ce Yankee qui, voulant faire un roman, a fait une religion, et une religion assez florissante, n'est qu'un réchauffé. Rien de plus ordinaire que de pêcher une carpe quand on croit pêcher aux goujons. Mais vous n'aimez pas ces conversations-là, et vous avez raison; l'on a autre chose à vous dire. Adieu, chère amie; j'ai bien envie de vous revoir en personne vivante.

CCLXXXVI

Cannes, 2 janvier 1866.

Chère amie, je ne savais où vous écrire, voilà pourquoi je ne vous ai pas écrit. Vous menez une vie si vagabonde, qu'on ne sait où vous prendre. J'ai bien regretté de ne pas vous attraper entre Paris et ***, qui sont vos deux antres ordinaires, Vous avez pris l'habitude de vous *subalterniser* comme disaient les saint-simoniens dans ma jeunesse. Vous êtes tantôt la victime des veaux marins de ***, tantôt et plus souvent la victime de cette enfant que vous aimez, en sorte qu'il n'y a plus moyen de vous avoir comme dans le bon temps d'autrefois, où l'on était si heureux de se promener en votre compagnie. Vous en souvenez-vous?

Je suis venu ici en assez mauvais état de santé, après une semaine passée à Compiègne en pantalon collant, avec toute la résignation possible. On a essayé de me retenir avec la pièce de M. de Massa, mais j'ai résisté héroïquement, et me suis envolé ici, où le soleil a produit son effet ordinaire. Sur trois jours, j'en ai deux de bons ; le troisième même n'est pas très-mauvais, et c'est un étouffement doucereux qui n'est pas comparable à la sensation d'étranglement que me donne un hiver de Paris. Comment se peut-il qu'étant de l'humeur voyageuse que vous avez, de plus, ayant charge d'âmes, vous ne passiez pas vos hivers à Pise ou dans un endroit quelconque où se voit le grand arbitre des santés humaines, monseigneur le soleil? Je crois que sans lui je serais depuis bien longtemps à quelques pieds sous terre. Tous mes contemporains s'empressent de me précéder. L'année passée a été rude pour un petit cercle de camarades. Il y a quelques années, nous dînions ensemble une fois par mois : je crois être à présent le seul survivant. C'est là le grave reproche que j'adresse au Grand Mécanicien. Pourquoi les hommes ne tombent-ils pas tous comme les feuilles en une saison? Votre père Hyacinthe ne manquera pas là-dessus de me dire des bêtises : « O homme, qu'est-ce que dix ans, un siècle ! etc. » Qu'est-ce qu'est pour moi l'éternité? Ce qui est important pour moi, c'est un petit nombre de jours. Pourquoi me les donne-t-on si amers?

Il n'y a cette année à Cannes que le quart des étrangers qui y viennent ordinairement. Histoire d'un Parisien qui y a mangé trois homards et qui en est mort du choléra. Le pays a été mis aussitôt en suspicion, et les maires de Nice et de Cannes ont eu la mauvaise idée de faire démentir dans les journaux l'apparition du choléra, si bien que tout le monde y a cru. Quelques-uns de mes amis ont été aussi héroïques que moi, et nous faisons une petite colonie qui se passe assez bien de la foule. Je crains d'être obligé de retourner à Paris peu après l'ouverture de la Chambre, pour foudroyer de mon éloquence la loi des serinettes, dont je suis le rapporteur. J'ai écrit à M. Rouher pour lui offrir la paix et lui donner les moyens de se soustraire à mon éloquence. L'acceptera-t-il? S'il avait la témérité de vouloir la guerre, attendez-vous à me voir à la fin de janvier, et gardez-moi un bel accueil du jour de l'an. Dans le cas où les choses tourneraient à la paix, c'est en février que je vous demanderais cela. Adieu, chère amie; en attendant, je vous envoie tous mes souhaits et tous les plus tendres.

CCLXXXVII

Cannes, 20 février 1866.

Chère amie, vous m'accusez de paresse, vous qui en êtes le vrai modèle! Vous qui vivez à Paris et qui parlez des choses avec les honnêtes gens, vous devriez me tenir au courant de ce qui se passe et se dit dans la grande ville; vous n'en contez jamais assez. Est-il vrai que la crinoline est proscrite à présent, et qu'entre la robe et la peau il n'y a plus que la chemise? S'il en est ainsi, vous reconnaîtrai-je en arrivant à Paris? Je me souviens d'un vieillard qui me disait, lorsque j'étais jeune, qu'en entrant dans un salon où il trouvait des femmes sans paniers et sans poudre, il croyait voir des femmes de chambre assemblées en l'absence de leurs maîtresses. Je ne suis plus sûr qu'on puisse être femme sans crinoline.

J'ai laissé voter l'adresse sans moi, et elle n'y a pas perdu; mais je vais être obligé de revenir bientôt à cause des serinettes[1]. Cela n'est pas fini, et il faudra que je déploie mon éloquence une seconde fois ; cela me contrarie fort. Malgré le plus beau temps du monde, j'ai trouvé moyen de m'enrhumer, et je suis toujours sérieusement malade quand je suis enrhumé. Respirant mal habituellement, je ne respire plus du tout. A cela près, je suis mieux que l'année dernière. Il est vrai que je ne fais absolument rien, ce qui est un grand point pour se bien porter. J'avais emporté de l'ouvrage, et je ne l'ai même pas déballé.

Vous ne me dites rien de la pièce de Ponsard[2]. Il a conservé la tradition du vers cornélien, un peu emphatique, mais grand, sonore et honnête. J'imagine que les gens du monde admirent cela comme ils admirent la science de M. Babinet et les sermons de l'abbé Lacordaire, achetant chat en poche, du moment qu'on leur a persuadé que c'était comme il faut. Je crains que des gens en culotte de peau, avec des oreilles de chien, et parlant en vers, ne me semblent bien extraordinaires.

1. Rapport qu'il était chargé de faire sur la propriété musicale au Sénat.
2. *Le Lion amoureux.*

Je viens de lire un petit livre sur les religions de l'Asie, de mon ami M. de Gobineau, qui m'a fort intéressé. Vous en jugerez à mon retour, si mieux n'aimez le lire auparavant. Cela est très-curieux et très-étrange. Il s'ensuit qu'en Perse on n'est plus guère musulman ; qu'il s'y fait des religions nouvelles, et, comme partout, des réchauffés de superstitions antiques qu'on croyait mortes mille fois et qui reparaissent tout d'un coup. Vous vous intéresserez beaucoup à une sorte de prophétesse qu'on a brûlée il y a quelques années, très-jolie et très-éloquente. Monseigneur l'évêque d'Orléans a passé par ici l'autre jour et est venu voir M. Cousin, à qui il a demandé sa voix pour M. de Champagny. Je croyais que mon président Troplong essayerait de succéder à M. Dupin ; mais il a peur, à ce qu'il paraît, de nos burgraves, qui, en effet, seraient charmés de lui jouer un mauvais tour. On me parle de Henri Martin et d'Amédée Thierry, tous gens propres à faire l'éloge de M. Dupin comme moi à jouer de la contre-basse. Si je suis à Paris, je voterai comme vous me conseillerez. Je pense être à Paris au commencement du mois prochain. Ce qui se dit et se fait en ce moment me paraît plus bête de jour en jour. Nous sommes plus absurdes qu'on ne l'était au moyen âge.

Adieu, chère amie.

CCLXXXVIII

Paris, 9 avril 1366.

Chère amie, n'est-ce pas une fatalité, que vous partiez quand j'arrive! Heureusement que vous reviendrez bientôt. Je suis ici depuis samedi soir, très-souffrant. Je suis parti ne respirant guère, et la route m'a rendu encore plus poussif. Hier soir, nous avons eu un terrible orage qui, j'espère, me remettra un peu. Je frémis à ce que vous dites de cette humide ville de *** et à l'idée de ces corridors glacés dont vous faites une si lugubre peinture. Tâchez de vous couvrir de toutes vos fourrures et de quitter le coin du feu le plus rarement possible et seulement les jours de soleil. Je suis devenu tellement frileux, ou plutôt le froid me fait tant de mal, que je ne me figure plus

l'enfer que comme le compartiment des *bolge* du
Dante. Heureusement, me dit-on, qu'on ne porte
plus de crinoline, ce qui met vos jambes et le
reste un peu à l'abri. Hier, je suis sorti pendant une heure, et j'ai vu une femme sans crinoline, mais avec des jupes si extraordinaires,
que j'en ai été horrifié. Il m'a semblé que c'était
un jupon de carton à falbalas sous une robe
relevée. Cela faisait beaucoup de bruit sur l'asphalte.

Il est dans vos habitudes de faire le contraire
de ce que fait le commun des mortels, et, comme
la campagne va bientôt être très-agréable, je
présume que vous allez revenir à Paris. Ayez
donc la bonté de me prévenir de vos mouvements.

Je me tâte et me demande si j'irai jeudi à
l'Académie, aider ou plutôt nuire à la façon d'un
immortel. Entre M. Henri Martin et M. Cuvillier-Fleury et M. de Champagny, on ne sait trop que
faire. Cependant, le dernier est un peu trop clérical pour moi, et je lui en veux, de plus, pour
avoir écrit sur l'histoire romaine, en style de
feuilleton. Il paraît que c'est M. Guizot qui règne.
Il veut nous faire avaler tout le *Journal des*

Débats : M. Paradol, après MM. de Sacy et Saint-Marc. Au moins ont-ils de l'esprit, et beaucoup d'esprit. Avez-vous lu quelque chose de M. Cuvillier-Fleury? Si oui, donnez-m'en votre avis. Si vous m'offriez une récompense honnête, d'ailleurs, je voterais pour qui vous l'ordonneriez.

Les romans anglais commencent à m'ennuyer mortellement, je parle des modernes. C'était notre grande ressource à Cannes, où M. Murray, le grand libraire, en envoie des caisses deux fois par semaine. Connaissez-vous quelque chose qui puisse tenir compagnie à un pauvre diable qui n'ose mettre le nez dehors après le soleil couché? Adieu, chère amie; pensez un peu à moi et donnez-moi de vos nouvelles.

CCLXXXIX

Paris, 24 juin 1866.

Que devenez-vous? Il paraît que le choléra est très-fort à Amiens. Je ne sais ce qu'on nous réserve au Luxembourg, et peut-être le sénatus-

consulte dont on nous menace m'obligera-t-il de
rentrer ici jusqu'au milieu du mois. J'ai acheté,
pour me consoler, les vingt-sept volumes des
Mémoires du XVIII*e siècle*, que je vais faire relier.
Y a-t-il dans tout cela quelque chose qui vous
plaise? Votre Klincksieck n'a rien de ce qu'on
lui demande. Je vais aller chez Vieweg, qui
aura peut-être mon affaire. Malheureusement,
l'édition des *Mémoires de F. Auguste*, qui a paru
à Leipzig, est entre les mains de M. de Bismark.
J'ai reçu avec surprise le livre que vous m'avez
renvoyé. Je craignais que vous ne le missiez avec
ceux que vous m'avez déjà enlevés. Quand viendrez-vous en choisir un autre? Malgré la chaleur,
je suis assez souffrant.

Vous me demandiez l'autre jour d'où me venaient mes connaissances dans le dialecte des
bohémiens. J'avais tant de choses à vous dire, que
j'ai oublié de vous répondre. Cela me vient de
M. Borrow; son livre est un des plus curieux que
j'aie lus. Ce qu'il raconte des bohémiens est parfaitement vrai, et ses observations personnelles
sont tout à fait d'accord avec les miennes, excepté
sur un seul point. En sa qualité de *clergyman*, il

a fort bien pu se tromper là où, en ma qualité de Français et de laïque, je pouvais faire des expériences concluantes. Ce qui est très-singulier, c'est que cet homme, qui a le don des langues au point de parler le dialecte des Cali, ait assez peu de perspicacité grammaticale pour ne pas voir, au premier abord, qu'il est resté dans ce dialecte beaucoup de mots étrangers à l'espagnol. Lui, prétend que les racines seules des mots sanscrits se sont conservées. . . . .
. . . .

J'aime bien l'odeur de cette essence, moins cependant depuis que je sais que cet ami qui vous l'a donnée vous voit si souvent.

CCXC

Palais de Saint-Cloud, 26 août 1866.

Chère amie, j'ai reçu votre lettre hier au soir. Merci de vos compliments [1]. La chose m'a

1. Sur sa nomination de grand-officier de la Légion d'honneur.

autant étonné que vous. Je me dis, comme le Cocu imaginaire :

> . . . . . La jambe en devient-elle
> Plus tortue, après tout, ou la taille moins belle?

Je vous demande bien pardon de citer des vers d'une pièce que vous n'aurez pas lue, à cause de son titre.

Vous prenez un singulier chemin pour aller chez votre ami du pays des veaux marins; mais, si vous pouvez avoir un peu de soleil, vous aurez beaucoup de plaisir à voir les bords de la Loire. C'est ce qu'il y a de plus français en France et ce qui ne se voit nulle part ailleurs. Je vous recommande surtout le château de Blois, que nous avons restauré très-bien depuis peu d'années. Inspectez de ma part la nouvelle église de Tours restaurée. Elle est dans la rue Royale, à droite, en venant de la gare; j'en ai oublié le nom. Voyez encore à Tours une maison qu'on appelle improprement la maison du bourreau et qu'on attribue à Tristan l'Ermite, à cause d'une cordelière sculptée, attribut d'une veuve, que les ignares prennent pour une corde à pendre. Cela se trouve rue des Trois-Pucelles, autre nom encore fort pénible.

Nous avons un temps déplorable. Hier, j'ai fait une longue promenade en voiture, où nous a surpris un orage épouvantable, qui m'a mouillé jusqu'aux os et m'a enrhumé. L'eau s'était accumulée sur les coussins, en sorte que nous étions tous comme dans une baignoire. Je pense être à Paris vers les derniers jours de ce mois, pour de là repartir pour Biarritz au commencement de septembre. Ne viendrez-vous pas en quittant les bords de la Loire? . . . .
. . . .

L'empereur est tout à fait remis et a repris son train de vie ordinaire. Nous passons les journées assez bien, considérant le temps horrible qu'il fait, sans aucune étiquette. On dîne en redingote, et chacun fait à peu près ce qu'il veut.

On m'a envoyé de Russie une énorme histoire de Pierre le Grand, faite avec quantité de pièces officielles inédites jusqu'à présent. Je lis et je peins quand on ne se promène pas et qu'on ne mange pas. Il me semble que tout se dispose à la paix. Il est bien évident que M. de Bismark est un grand homme et qu'il est trop bien préparé pour qu'on se fâche contre lui. Nous aurons peut-être des couleuvres à avaler, et nous les digérerons jusqu'à ce que nous ayons des fusils à aiguille. Reste à savoir ce que fera le parlement allemand et s'ils ne feront pas assez de bêtises pour perdre leurs avantages. Quant à l'Italie, il n'en est pas question.

Adieu, chère amie.

CCXCI

Biarritz, 24 septembre.

Je souhaite que vous ayez meilleur temps que nous. Nous avons quatre jours de pluie par semaine; les autres, il fait une chaleur étouffante, accompagnée d'un sirocco horrible. D'ailleurs, la mer est bien plus belle ici qu'à Boulogne, et les figues et les ortolans aident à soutenir le poids de la vie. J'ai fait, l'autre jour, une excursion amusante dans les montagnes et l'on m'a montré une des plus étranges grottes qui se puissent voir. On passe sous un grand pont naturel, d'une seule arche, long comme le pont Royal; on a d'un côté un mur de rochers et de l'autre un tunnel naturel aussi et très-long ; car la nature, qui est moins forte que les ingénieurs, a imaginé de faire son pont en long, et le tunnel en est la continuation. Sous le tunnel, et perpendiculairement au pont, coule un clair ruisseau ; les proportions de tout cela sont gigantesques. Il y fait très-frais et l'on s'y sent à mille lieues des humains. Je vous en montrerai un croquis fait à cheval. Ce beau lieu, qui se nomme simplement Sagarramedo, est en Espagne, et, s'il était aux environs de Paris, on le montrerait pour cinquante centimes, et on ferait sa fortune. Dans une autre caverne, à une lieue de là, mais en France, nous avons trouvé une vingtaine de contrebandiers qui ont chanté des airs basques en chœur avec accompagnement de galoubet. C'est un petit flageolet aigre, qui a quelque chose de très-sauvage et de très-agréable. La musique est pleine de caractère, mais triste à porter le diable en terre, comme toutes les musiques de montagnards. Quant aux paroles, je n'ai compris que *Viva emperatriça!* du dernier couplet. Nous étions menés là par un homme singulier, qui a gagné une grande fortune dans la contrebande. Il est le roi de ces montagnes, et tout le monde y est à ses ordres. Rien n'était beau comme de le voir galoper au milieu des rochers sur le flanc de notre colonne, qui avait bien de la peine à suivre les sentiers frayés. Lui, franchissait tous les obstacles, criant à ses hommes en basque, en français et en espagnol, et ne faisant jamais un faux pas. L'impératrice l'avait chargé de veiller sur le prince impérial, qu'il a fait passer, lui et son poney, par les chemins les plus impossibles que vous puissiez imaginer, ayant autant de soin de lui que d'un ballot de marchandises prohibées. Nous nous sommes arrêtés une heure dans sa maison à San, où nous avons été reçus par ses filles, qui sont des personnes bien élevées, bien mises, et nullement provinciales, ne différant des Parisiennes que par la prononciation des *r*, qui, pour les Basques, est toujours *rrrh*.

Nous attendons la flotte cuirassée ; mais la mer est si mauvaise, que, si elle venait, nous ne pourrions communiquer avec elle. Il n'y a que peu de monde à Biarritz, quelques toilettes ébouriffantes et peu de jolis visages. Rien de plus laid que les baigneuses avec leur costume noir et leur bonnet de toile cirée. On m'a présenté au grand-duc de Leuchtenberg, qui a fort bon air. J'ai découvert qu'il lisait Schopenhauer, qu'il tenait pour la philosophie positive, et qu'il était un peu socialiste.

Je pense être à Paris dans les premiers jours d'octobre. N'y serez-vous pas? Je voudrais bien vous voir avant mon hivernage. J'engraisse d'une façon scandaleuse, et je respire beaucoup mieux qu'à Paris.

Adieu, chère amie; j'ai écrit une petite drôlerie qui pourra vous amuser, si vous daignez l'ouïr.

CCXCII

Paris, 5 novembre 1866.

Nous serons donc comme Castor et Pollux, qui ne peuvent apparaître sur le même horizon! Je suis revenu il y a peu de jours. J'ai fait une course à la poste de Paris, et je reviens faire ma malle pour partir : j'en ai grand besoin, car les premières atteintes du froid se font très-désagréablement sentir, et je commence à tousser et à étouffer.

Outre le plaisir que j'aurais eu à vous voir, je m'en promettais à vous lire quelque chose de moi, traduit du russe. Étant à Biarritz, on disputa, un jour, sur les situations difficiles où on peut se trouver, comme par exemple Rodrigue entre son papa et Chimène, mademoiselle Camille entre son frère et son Curiace. La nuit, ayant pris un thé trop fort, j'écrivis une quinzaine de pages sur une situation de ce genre. La chose est fort morale au fond, mais il y a des détails qui pourraient être désapprouvés par monseigneur Dupanloup. Il y a aussi une pétition de principe nécessaire pour le développement du récit : deux personnes de sexe différent s'en vont dans une auberge; cela ne s'est jamais vu, mais cela m'était nécessaire, et, à côté d'eux, il se passe quelque chose de très-étrange. Ce n'est pas, je pense, ce que j'ai écrit de plus mal, bien que cela ait été écrit fort à la hâte. J'ai lu cela à la dame du logis. Il y avait alors à Biarritz la grande-duchesse Marie, la fille de Nicolas, à laquelle j'avais été présenté il y a quelques années. Nous avons renouvelé connaissance. Peu après ma lecture, je reçois la visite d'un homme de la police, se disant envoyé par la grande-duchesse. « Qu'y a-t-il, pour votre service ? — Je viens, de la part de Son Altesse impériale, vous prier de venir ce soir chez elle avec votre roman. — Quel roman ? — Celui que vous avez lu l'autre jour à Sa Majesté. » Je répondis que j'avais l'honneur d'être le bouffon de Sa Majesté, et que je ne pouvais aller travailler en ville sans sa permission : et je courus tout de suite lui raconter la chose. Je m'attendais qu'il en résulterait au moins une guerre avec la Russie, et je fus un peu mortifié que non-seulement on m'autorisât, mais encore qu'on me priât d'aller le soir chez la grande-duchesse, à qui on avait donné le policeman comme factotum. Cependant, pour me soulager, j'écrivis à la grande-duchesse une lettre d'assez bonne encre, et je lui annonçai ma visite. J'allais porter ma lettre à son hôtel ; il faisait beaucoup de vent, et, dans une ruelle écartée, je rencontre une femme qui menaçait d'être emportée en mer par ses jupons, où le vent était entré, et qui était dans le plus grand embarras, aveuglée et étourdie par le bruit de la crinoline et tout ce qui s'ensuit. Je courus à son secours, j'eus beaucoup de peine à l'aider efficacement, et alors seulement je reconnus la grande-duchesse. Le coup de vent lui a épargné quelques petites épigrammes. Elle a été, d'ailleurs, très-bonne princesse avec moi, m'a donné de très-bon thé et des cigarettes, car elle fume comme presque toutes les dames russes. Son fils, le duc de Leuchtenberg, est un très-beau garçon, ayant l'air d'un étudiant allemand. Il m'a paru, comme je vous l'ai dit, très-bon diable, aimable, un petit p u républicain et socialiste, nihiliste par-dessus le marché, comme le *Bazarof* de Tourguenief; car les princes ne trouvent pas, dans ce temps-ci, que la République fasse des progrès assez rapides.

Adieu, chère amie; répondez-moi ici, mais tout de suite. Je ne vous tiens pas quitte de ma nouvelle. Que dites-vous du spectacle des inondations? vous l'avez eu dans toute son étendue. Je vous félicite de n'avoir pas été noyée. L'un de mes amis est resté deux jours sans trop manger, avec l'inquiétude de voir sa maison fondre sous lui comme un morceau de sucre. — Encore adieu.

CCXCIII

Cannes, 3 janvier 1867.

Chère amie, j'ai reçu votre lettre avec beaucoup de remords. Il y a longtemps que je veux vous écrire; mais, d'abord, l'incertitude du lieu où vous êtes est un grand ennui. Vous êtes toujours par voies et par chemins, et on ne sait où vous prendre. En second lieu, vous n'avez pas répondu à une lettre très-longue et d'un très-beau style que je vous avais adressée. De plus, vous ne savez pas comme le temps passe dans un pays comme celui-ci, où il ne pleut jamais, et où l'importante affaire est de se chauffer au soleil ou de peindre des arbres et des rochers. J'avais apporté des livres pour travailler, mais je n'ai rien fait encore que lire (en prenant des notes) une histoire de Pierre le Grand, dont je voudrais un jour faire un article pour le *Journal des Savants*. Le grand homme était un insigne barbare, qui se grisait horriblement et commettait une faute de goût pour laquelle je vous ai trouvée très-sévère lorsque vous étudiiez la littérature grecque. Tout cela n'empêche pas qu'il ne fût en réalité très-supérieur à son temps. Je voudrais dire cela un jour aux personnes pleines de préjugés comme vous.

Je vous ai dit, quant à l'histoire dont je vous ai parlé, que je vous en ferais lecture un de ces jours, quand j'aurais le plaisir de vous revoir. Il n'est nullement question ni à propos de l'imprimer. Comme il n'y a rien dans cette œuvre qui soit en faveur du pouvoir temporel du pape, je craindrais qu'on ne la reçût pas avec bienveillance. N'êtes-vous pas frappée et humiliée de la profonde bêtise de ce temps-ci? Tout ce qui se dit pour et contre le pouvoir temporel est si niais et si absurde, que j'en rougis pour mon siècle. . .

. . . .

Une autre chose qui me rend furieux, c'est la façon dont on reçoit le projet de la réorganisation de l'armée. Tous les jeunes gens bien nés meurent de peur d'être dans le cas de se battre pour la patrie à un moment donné, et disent qu'il faut laisser ces vulgaires manières aux Prussiens. Imaginez un peu ce qui restera à la nation française si elle vient à perdre son courage militaire ! — Je lis le roman de mon amie madame de Boigne[1]. Il m'afflige. C'est une personne de beaucoup d'esprit qui expose ses défauts et qui les critique très-amèrement, mais qui les garde. Elle a passé plus de trente ans sans me dire un mot de ce roman, et, dans son testament, elle a ordonné qu'on le publiât. Cela m'a surpris autant que si j'apprenais que vous venez d'imprimer un traité de géométrie.

Il faut que je vous dise quelque chose de ma santé, quoique le sujet ne soit pas agréable. Je suis de plus en plus poussif. Quelquefois, je me sens fort comme un Turc, je fais de longues promenades, et il me semble que je suis aussi bien que lorsque nous courions dans nos bois. Le soleil couché, ma poitrine se gonfle, j'étouffe, et le moindre mouvement m'est très-pénible. Ce qui est singulier, c'est que je ne suis pas plus mal, que je suis même mieux dans la position horizontale que debout ou assis.

Adieu, chère amie; je vous souhaite santé et prospérité.

1. *Une Passion dans le grand monde.*

CCXCIV

Paris, jeudi 4 avril 1867.

Chère amie, me voici enfin à Paris, mais plus mort que vif. Je ne vous ai pas écrit, parce que j'étais trop triste et que je n'avais que des choses douloureuses à vous dire de moi et de ce monde sublunaire. Vous me trouverez bien souffrant, mais bien heureux de vous voir. Vendredi matin, s'il faisait beau, nous pourrions faire ensemble une promenade au musée du Louvre. Je n'ose guère sortir, tant j'ai peur du froid, et on me recommande de marcher. Je vous envoie le huitième volume de M. Guizot, qui vous divertira. Le temps noir et triste me fait grand mal. J'espère que vous êtes toujours en grande prospérité. On raccommode ma maison et je suis réduit à vivre dans mon salon, qui est triste comme une prison. Venez me consoler. Vous emporterez tous les livres que vous voudrez, et je ne vous demanderai pas de me laisser un gage.

Adieu. A bientôt, j'espère.

CCXCV

Paris, vendredi 30 avril 1867.

Chère amie, je suis bien fâché de vous savoir entourée de malades. Cela me fait craindre que vous ne pensiez pas à moi, qui le suis plus que jamais par le temps qu'il fait. Ne viendrez-vous pas me soigner un de ces jours? Je suis allé cependant à l'Exposition ; je n'ai pas été ébloui. Il est vrai qu'il pleuvait à verse et qu'il m'a été impossible d'aller voir les bêtises amusantes qui sont, dit-on, dans le jardin. J'ai vu quelques beaux objets chinois, trop chers pour ma bourse; des tapis russes, tous déjà vendus. Il faudra qu'un de ces matins vous me meniez là et me guidiez dans mes acquisitions. Vous me paraissez très-enchantée de ce bazar : peut-être que votre enthousiasme éveillera le mien. Le temps pluvieux et sombre me fait beaucoup de mal. Je n'ose plus sortir et je vis comme un ours. Je meurs d'envie d'aller vous voir un soir, mais j'ai la conviction que je serais obligé de passer la nuit sur la première marche de votre escalier. Savez-vous quelque livre amusant à lire pour mes soirées? En attendant mieux, j'écris, pour le *Journal des Savants,* un article sur la princesse Sophie, sœur de Pierre le Grand. Je ne sais si cela vous amusera. Je vous le lirai prochainement.

CCXCVI

Mercredi, 26 juin 1867.

Chère amie, n'eût-il pas mieux valu m'apporter vous-même votre bouquet? vous m'avez fait grande peine en me l'envoyant. Je suis toujours très-grippé; mais comment se guérir avec le temps que nous avons!

Lisez le discours de Sainte-Beuve [1]; il vous amusera. Il est impossible d'avoir plus d'esprit. Mais, s'il voulait ce qu'il demandait, il a pris le meilleur moyen de se faire refuser. Je ne sais ce qu'il

---

1. A propos des bibliothèques populaires, séance du Sénat du 25 juin 1867.

advient de son commerce d'épigrammes avec M. Lacaze, mais je crains que cela ne finisse par de la poudre. Il est impossible de se représenter l'expression de haine et de mépris profond de sa figure lorsqu'il lisait, car il a lu, ce qui a nui un peu à l'effet.

Je vous ai fait mes compliments de condoléance pour la perte de votre porte-monnaie à l'Exposition. Rendez-moi la pareille, car j'ai laissé le mien dans une voiture. Je demande partout des billets pour la cérémonie du 1er juillet. Je ne veux accepter pour vous que les meilleures places, et n'en puis trouver.

CCXCVII

Paris, dimanche 30 juin 1867.

Chère amie, voici deux billets pour la cérémonie de demain [1]. Ils méritent un fameux pourboire, car j'ai eu bien de la peine à me les procurer. Je vous les envoie en hâte. Tâchez de ne pas être malade. Il fera terriblement chaud!

1. Distribution des récompenses aux exposants.

CCXCVIII

Vendredi, 5 juillet 1867

Chère amie, je suis charmé que vous vous soyez amusée. J'ai eu peur de la chaleur et du poids de mon harnais. Vous m'avez cherché vainement, je n'y suis point allé. Venez vite me conter les belles choses que vous avez vues et me donner votre opinion sur le sultan et les princes, qui ont eu l'avantage de vous contempler pendant trois heures. Je trouve que cette fusillade[1] gâte un peu nos affaires, qui allaient bien. C'est grand dommage.

CCXCIX

Paris, 27 juillet 1867.

Chère amie, merci de votre lettre. Je suis toujours si souffrant, que je ne vous ai pas répondu

1. La mort de Maximilien.

tout de suite, espérant vous donner de meilleures nouvelles de moi; mais, quoi que je fasse et que j'avale, je suis toujours horriblement grippé. Je ne vous décrirai pas tous mes maux, mais croyez que j'en suis accablé. J'espère que vous me plaindrez. Je ne dors ni ne mange. Je vous envie ces deux facultés, que vous possédez avec bien d'autres.

Je vous félicite d'avoir revu longuement le sultan. S'est-il montré plus aimable pour votre sexe qu'il n'a fait à Paris? On me dit qu'on est très-mécontent de lui à l'Opéra. Le pacha d'Égypte a été plus bienveillant. Il a fait deux visites à mademoiselle ***, que je n'ose vous raconter, bien qu'elles fussent curieuses. On l'a réconcilié (c'est le pacha que je dis) avec son cousin Mustapha, mais on n'a jamais pu obtenir qu'ils prissent du café ensemble, chacun d'eux étant persuadé que ce serait trop dangereux, vu les grands progrès de la chimie. Si vous étiez à Paris, vous auriez vu quelque chose de très-beau qu'on m'a apporté. C'est une broche en forme d'écusson fleurdelisé, avec un portrait de Marie-Antoinette en miniature, fait probablement à Vienne avant son mariage et donné par elle à la princesse de Lamballe. Derrière, il y avait des cheveux, mais on les a enlevés. Après avoir fait une assez belle résistance, je me suis laissé vaincre, et j'ai aussitôt envoyé cela à Sa Majesté, qui fait collection de tout ce qui a appartenu à Marie-Antoinette. Ce sera certainement un des plus jolis souvenirs ; ajoutez qu'il est, dit-on, des plus authentiques, et qu'il a été longtemps porté par madame de Lamballe. Pour moi, j'ai horreur de ces tristes antiquités-là, mais il ne faut pas discuter des goûts.

Madame *** est toujours ici faisant grand scandale très-ouvertement. Je regrette de ne pouvoir vous écrire tout ce qu'elle dit et fait. On prétend qu'il y a, dans le continent italien, deux autres femmes de ministres plus échevelées qu'elle.

. . . .

Je trouve que vous auriez pu être un peu plus polie et m'emprunter mes épreuves. Il n'y a rien qui soit plus pénible pour un auteur que les oublis de cette espèce. Le 1er août, il y avait un second article, et vous aurez à vous mettre en garde contre trois ou quatre autres. Si vous pouviez me trouver un euphémisme pour expliquer au lecteur en quoi Mentchikof se rendait agréable à Pierre le Grand, vous me rendriez service. Lisez encore, dans la *Revue des Deux Mondes*, l'article de M. Collin, sur les associations ouvrières (il est de M. Libri), et une lettre de M. d'Haussonville au prince Napoléon, très-propre à lui faire perdre le goût de la polémique dans les journaux. Sainte-Beuve est toujours assez malade. Il a autour de lui une grande quantité de femmes, comme le sultan Saladin. Vous ne me ferez pas croire que vous ayez à *** un autre temps que celui que nous avons ici, c'est-à-dire des rafales de pluie et de vent continuelles. Quand revenez-vous? J'aurais grand besoin de vous pour me raconter des histoires et me faire prendre mes maux en patience, chose bien difficile. J'ai lu, l'autre nuit, quand je ne respirais plus guère, les *Propos de table* de Luther. Ce gros homme me plaît avec tous ses préjugés et sa haine pour le diable.

Adieu, chère amie.

CCC

Paris, 6 septembre 1867.

Chère amie, j'ai reçu votre lettre, qui m'a fait grand plaisir ; je pense que le climat humide que vous habitez a dû s'améliorer beaucoup par cette grande chaleur. Pour moi, je m'en trouve assez bien et je respire, non pas tout à fait à pleins poumons, mais mieux que je n'avais fait depuis assez long temps. Cependant, j'ai eu le courage de refuser l'offre très-aimable que l'impératrice m'a renouvelée au moment de partir[1]. Je ne me sens pas assez sûr de moi pour m'exposer à être malade, et, quoi que je fusse assuré d'être bien soigné, je crois prudent et discret de ne pas me risquer. Peut-être, si le beau temps continue, essayerai-je mes forces en allant passer quelques jours à la campagne chez mon cousin. Il se peut que le changement d'air me soit bon, et il y a grande

---

1. Pour Biarritz.

apparence que tous les étrangers qui viennent à Paris gâtent beaucoup notre atmosphère. Je suis allé l'autre jour à l'Exposition, où j'ai vu les Japonaises, qui m'ont plu beaucoup. Elles ont une peau couleur de café au lait, d'une teinte très-agréable. Autant que j'ai pu juger par les plis de leurs robes, elles ont des jambes minces comme des bâtons de chaise, ce qui est fâcheux. En les regardant avec les nombreux badauds qui les entouraient, je me figurais que les Européennes feraient moins bonne contenance en présence d'un public japonais. Vous représentez-vous, vous, montrée ainsi à Yeddo, et un épicier du prince Satzouma disant : « Je voudrais bien savoir si cette bosse qu'a cette dame par derrière sa robe est bien à elle. » A propos de bosses, on n'en porte plus du tout, et cela prouve qu'on n'en avait pas ; car toutes les femmes se sont trouvées dans le même moment également à la mode.

Je suis en train de lire un livre abominable de madame *** contre M. S..., qu'elle appelle M. T...; c'est tout ce qu'on peut lire de plus indécent. Avec cela, il y a une sorte de talent. . . . .
. . . .

J'ai fait, pour *le Moniteur*, un article remarquable par l'aménité du style, au sujet d'une chronique espagnole très-amusante que je vous prêterai un de ces jours, pourvu que vous me la rendiez. Vous y verrez comment on vivait en Espagne et en France au xve siècle. Adieu; portez-vous bien. Ne vous enrhumez pas et donnez-moi de vos nouvelles.

CCCI

Paris, 27 septembre 1867.

Chère amie, que devenez-vous? Il y a longtemps que je n'ai eu de vos nouvelles. Je viens de faire un coup d'audace : je suis allé passer trois jours à la campagne, chez mon cousin, auprès d'Arpajon, et cela ne m'a pas fait trop de mal, bien que le pays m'ait semblé froid et humide; mais, à présent, je ne crois pas qu'il y en ait de chauds. Je suppose qu'à *** vous devez être dans des brouillards continuels.

Je passe mon temps comme je puis, dans une solitude complète, ayant quelquefois envie de travailler, mais cela ne me dure pas assez pour aboutir. En outre, je suis très-mélancolique. Je crois que j'ai quelque mauvaise affaire aux yeux. J'ai envie et peur d'aller consulter Liebreich ; mais, si je perds la vue, que deviendrai-je ?

Il y a de par le monde un prince Augustin Galitzin qui s'est converti au catholicisme, et qui n'est pas bien fort en russe. Il a traduit un roman de Tourguenief qui s'appelle *Fumée* et qui paraît dans *le Correspondant*, journal clérical, dont le prince est un des bailleurs de fonds. Tourguenief m'a chargé de revoir les épreuves. Or, il y a des choses assez vives dans ce roman, qui font le désespoir du prince Galitzin ; par exemple, une chose inouïe : une princesse russe qui fait l'amour avec aggravation d'adultère. Il saute les passages qui lui font trop de peine, et, moi, je les rétablis sur le texte. Il est quelquefois très-susceptible, comme vous allez voir. La grande dame se permet de venir voir son amant dans un hôtel, à Bade. Elle entre dans sa chambre, et le chapitre finit. L'histoire reprend ainsi dans l'original russe : « Deux heures après, Litvinof était seul sur son divan. » Le néocatholique a traduit : « Une heure après, Litvinof était dans *sa chambre.* » Vous voyez bien que c'est beaucoup plus moral, et que supprimer une heure, c'est diminuer le péché de moitié. Ensuite, chambre, au lieu de divan, est bien plus vertueux : un divan est propre à des actions coupables. Moi, inflexible sur ma consigne, j'ai rétabli les deux heures et le divan ; mais les chapitres où cela se trouve n'ont pas paru dans *le Correspondant* de ce mois. Je suppose que les gens respectables qui le dirigent ont exercé une censure absolue. Cela me divertit assez. Si le roman continue, il y a une très-belle scène où l'héroïne déchire un point d'Angleterre, qui est bien plus grave que le divan. Je les attends là. — Adieu, chère amie, donnez-moi de vos nouvelles. Je suis effrayé de la rapidité avec laquelle l'hiver s'approche.

CCCII

Paris, lundi soir, 28 octobre 1867.

Chère amie, vous parlez de vie végétale. En

vérité, c'est celle qu'on voudrait mener aujourd'hui; mais le siècle est au mouvement. Les végétaux humains sont aussi malheureux que ceux qui vivent au pied de l'Etna. De temps en temps, il leur tombe un fleuve de feu, et, presque toujours, ils sont emportés par les vapeurs sulfureuses. Ne trouvez-vous pas déplorable que Pie IX et Garibaldi, deux fanatiques, mettent tout en désarroi par leur obstination? Une chose qui montre les mœurs de ce temps-ci, c'est que ceux qui blâment l'envoi de nos troupes à Rome disent, quand on leur parle du traité du 15 septembre : « Qu'importe un traité? M. de Bismark ne les observe pas. » J'ai envie de leur prendre leur montre et de leur dire qu'il y a des exemples de montres volées. Ce qu'il y a de plus affligeant dans tout ceci, c'est que nous nous engageons de nouveau, pour je ne sais combien de temps, à garder le pape, qui ne nous en a pas la moindre reconnaissance. . . . .

. . . .

Le Correspondant s'exécute et imprime la suite du roman de Tourguenief, sans cependant permettre que l'entrevue de Litvinof et d'Irène ait duré plus d'une heure. Je crois vous en avoir parlé. Le lisez-vous? Il est impossible que *le Correspondant* n'aille pas à ***. Au reste, je vous donnerai le roman à votre retour.

Je suis toujours souffreteux, respirant mal, et à la veille de ne plus respirer du tout. Cette mort si subite de M. Fould m'a fait beaucoup de peine. Elle a, d'ailleurs, été la plus douce qu'on puisse souhaiter; mais pourquoi si prompte? Il a écrit dix-huit lettres le matin même de sa mort, et, deux heures avant de se coucher, il semblait parfaitement bien portant. Il n'avait pas fait le moindre mouvement dans son lit, et on ne voyait pas la plus petite contraction dans ses traits; c'est exactement la même mort que celle de M. Ellice; c'est ce que les Anglais appellent *visitation of God*.

Je pense me mettre en route dans les premiers jours de novembre. On me presse de partir pour échapper aux rhumes dont il est si difficile de se préserver ici. Je suis à terminer une tartine pour *le Moniteur*, sur un bouquin grec, et je me mettrai en route dès que j'aurai fini. Adieu, chère amie; j'espère que vous reviendrez avant mon

départ. Quittez tous ces vilains brouillards, prenez soin de vous. Adieu encore. . . . . . .
. . . .

CCCIII

Paris, 8 novembre 1867.

Chère amie, je vous écris un mot à la hâte, au milieu des courses que je suis obligé de faire. Je pars demain pour Cannes, fort souffreteux ; mais on m'y promet du soleil et de la chaleur. Ici, nous avons du froid et presque de la gelée. Je ne sors plus le soir, et ne mets le nez dehors que lorsque l'air est un peu réchauffé. Je ne sais pas combien de temps je pourrai rester là-bas; cela dépend un peu du pape, de Garibaldi et de M. de Bismark. Je suis, comme tout le monde, un peu dans la main de ces messieurs. Je ne connais rien de plus honteux que cette affaire de Garibaldi ; si jamais homme fut dans l'obligation de se faire tuer, c'était lui, assurément. Ce qu'il y a de plus fâcheux, c'est que le pape est bien convaincu qu'il ne nous a aucune obligation, et que c'est le ciel qui a tout fait pour ses beaux yeux. Adieu, chère amie. . . . .

. . . .

CCCIV

Cannes, 16 décembre 1867.

Chère amie, j'étais en peine de vous quand votre lettre est venue me rassurer. Vous devinez que tous ces changements de temps par lesquels nous avons passé ne m'ont fait aucun bien. Nous avons même eu de la neige pendant vingt-quatre heures, au grand étonnement des gamins et des chiens du pays. Cela ne s'était pas vu depuis vingt ans. Rien de plus amusant que les figures étonnées qui contemplaient le phénomène qu'ils n'avaient jamais vu que de loin sur les Alpes. On s'attendait à la destruction des fleurs, des orangers et même des oliviers; mais tout a résisté à merveille, il n'y a que les mouches qui en soient mortes.

Le beau temps est revenu depuis quelques jours, et je commence à respirer un peu moins mal. Je suis toujours à la merci du premier changement de temps, et il n'y a pas de baromètre que je ne surpasse par la sûreté de mes prédictions. Je suis fort effrayé de la politique; je trouve dans le ton général des journaux et des orateurs quelque chose qui me rappelle 1848. Ce sont des colères étranges sans causes apparentes. Tous les nerfs sont tendus. M. Thiers, après avoir passé toute sa vie dans les luttes politiques, est pris d'un tremblement nerveux parce qu'un avocat marseillais dit des platitudes qui ne méritaient qu'un sourire. Le plus fâcheux, c'est ce M. Rouher, qui veut *outherod Herod* [1], et qui prononce le mot le plus antipolitique dont tout ministre devrait s'abstenir. Je suis mécontent de tout le monde, à commencer par Garibaldi, qui ne fait pas son métier. S'en aller à Caprera, après avoir fait tuer quelques centaines de niais, me paraît le comble de la honte pour l'espèce révolutionnaire et les *noblemen* anglais qui ont pris

---

1. Expression anglaise : « surpasser Hérode en cruauté », c'est-à-dire « lutter de folie avec ses adversaires ».

cet animal pour quelque chose d'autre qu'un pantin.

Que vous dirai-je de la politique de M. Ollivier et *tutti quanti?* Ils ont beau tourner leurs phrases fort élégamment et affirmer qu'ils sont profondément convaincus, ils me semblent des acteurs de second ordre qui imitent les premiers rôles de façon à ne tromper personne. Nous nous rapetissons tous les jours. Il n'y a que M. de Bismark qui soit un vrai grand homme.

A propos, serait-il vrai qu'il eût dépensé ses fonds secrets? Je tiens l'achat des journaux pour très-probable. Mais, comme M. de Bismark n'enverra pas ses quittances à M. de Kervegnen, je pense que ces messieurs s'en tireront à leur honneur.

Je ne vois de lisible que l'*Histoire de Pierre le Grand* par M. Oustisalef. Je viens d'envoyer au *Journal des Savants* un grand article, plein de détails de torture, etc. Il s'agit de la destruction des strélitz. — Adieu.. . . . .
. . . .

CCCV

Cannes, 5 janvier 1868.

Chère amie, pardon de vous répondre si tard. J'ai été et je suis encore très-souffrant. Le froid, qui a pénétré jusqu'ici, me fait beaucoup de mal. On dit qu'à Paris, c'est bien autre chose et que vous n'avez rien à envier à la Sibérie. Je suis quelquefois une bonne partie de la journée sans pouvoir respirer. Ce n'est pas une douleur aiguë, c'est un malaise des plus impatientants et qui agit le plus fort sur les nerfs. Vous me connaissez assez pour comprendre comment cela m'arrange. J'ai, en outre, de grandes inquiétudes pour mon pauvre ami Panizzi, qui est à Londres fort malade. Les dernières nouvelles étaient un peu meilleures, mais très-peu rassurantes encore. Il avait le découragement, qui est toujours un très-mauvais symptôme chez les malades.

Au milieu de toutes mes misères, je tue le temps comme je peux. J'envoie aujourd'hui au

Journal des Savants la fin de la première partie de *Pierre le Grand*; car il y a des premières et des secondes parties comme dans les romans de Ponson du Terrail, et au *Moniteur* une grande tartine sur Pouchkine. Vous verrez tout cela en temps et lieu. Je lis un livre trop long et mal fait, mais dont l'auteur paraît honnête et dit ce qu'il a vu et entendu. Il faut passer ses réflexions, car il est un peu niais. C'est *Dixon's New America*. Il a vu les Mormons et, ce qui est encore plus curieux, la République de Mount-Lebanon; cela et le fénianisme donne une idée de l'Amérique. Décidément, le mot de Talleyrand la définit exactement. Adieu, chère amie; je vous souhaite santé et prospérité.

CCCVI

Cannes, 10 février 1868.

Chère amie, je suis fâché d'apprendre la mort de M. D...; je l'avais vu à ***, il y a je ne sais combien d'années. Il vous aimait beaucoup, et, bien qu'on doive s'attendre à perdre à chaque instant des amis de quatre-vingts ans, leur mort vient toujours comme un coup de foudre. Voilà une des grandes misères de ceux qui vivent longtemps, c'est de perdre tous les jours des amis et de se sentir un peu plus seuls. . . . . . .

Pour moi, je crois en mélancolie et en humeur noire. Je n'ai pas encore pu m'accoutumer à souffrir et je m'en irrite, ce qui me donne deux maux au lieu d'un. Je pense rester ici au moins jusqu'à la fin du mois, en sorte que j'ai quelque espoir de vous retrouver à Paris. Je suis charmé que ma tartine sur Pouchkine ne vous ait pas trop ennuyée. Ce qu'il y a de beau, c'est que je l'ai écrite sans avoir les œuvres de Pouchkine avec moi. Ce que j'ai cité, ce sont des vers que j'avais appris par cœur dans le temps de ma grande ferveur russe. Il y a ici beaucoup de Russes, et j'avais chargé un de mes amis de m'emprunter le volume des poésies détachées, s'il y en avait dans la colonie moscovite. Il s'est adressé à une très-jolie femme qui, au lieu de vers, m'a envoyé un gros morceau de poisson du Volga, et deux oiseaux du même pays, tout cela cuit à quelques mètres du pôle. C'était assez bon.

Le poisson devait être un gaillard de cinq à six pieds à en juger par la tranche qu'on m'a envoyée. Cette dame, qui s'appelle madame Voronine, a une tête charmante. Son mari a l'air d'un vrai Kalmouk. Il avait commencé par se faire refuser la main de la dame. Il s'est tiré un coup de pistolet et s'est manqué, et, pour sa peine, on l'a épousé.

Quant aux Anglais et aux Anglaises, jamais il n'y en a eu un si grand nombre avec des cheveux et des toilettes impossibles, des bas rouges et des paletots doublés de peaux de grèbe et des parasols. Depuis quinze jours, les parasols sont plus utiles que les fourrures, car le temps est magnifique et le soleil chaud comme en juin. Entre autres Anglais extraordinaires, il y a le duc de Buccleugh, qui a une corne au milieu du front. Son fils annonce une disposition à l'imiter. Ne croyez pas que je parle métaphoriquement. C'est une corne qui leur pousse au crâne et qui finira, je crois, par leur jouer un mauvais tour.

Je vous ai dit que j'avais *Fumée*, relié en volume à votre intention. Je pourrais vous l'envoyer si vous vouliez. Mais je crois me rappeler que vous m'avez pris les numéros du *Correspon-*

dant où cela se trouve. C'est une des meilleures choses que M. Tourguenief ait encore faites.

La discussion sur la presse me dégoûte. Tout le monde ment trop, et pas une idée ne surgit qui n'ait été déjà dite vingt fois en meilleurs termes. Il me semble que le niveau de l'intelligence baisse fort, comme celui de l'honnêteté. C'est bien triste au fond. J'ai vu hier un de mes amis revenant de Mentana. Il m'a dit que les garibaldiens s'étaient bien battus ; que c'était un mélange singulier d'abominable canaille et de fleur d'aristocratie. Adieu, chère amie; portez-vous bien et ne m'oubliez pas.

CCCVII

Montpellier, 20 avril 1868.

Chère amie, j'ai été si souffrant avant de venir ici, que j'avais perdu tout courage : il m'était impossible de penser, à plus forte raison d'écrire. Le hasard m'a fait savoir qu'il y avait à Montpellier un médecin qui traitait l'asthme par un procédé nouveau, et j'ai voulu essayer. Depuis cinq jours que je suis en traitement, il me semble que mon état s'est amélioré, et le médecin me donne assez bon espoir. On me met tous les matins dans un grand cylindre de fer, qui, je dois l'avouer, a l'air de ces monuments élevés par M. de Rambuteau. Il y a un bon fauteuil et des trous avec des glaces qui donnent assez de jour pour lire. On ferme une porte en fer et on refoule de l'air dans le cylindre avec une machine à vapeur. Au bout de quelques secondes, on sent comme des aiguilles qui vous entrent dans les oreilles. Peu à peu, on s'y habitue. Ce qui est plus important, c'est qu'on y respire merveilleusement. Je m'endors au bout d'une demi-heure, malgré la précaution que j'ai d'apporter la *Revue des Deux Mondes*. J'ai déjà pris quatre de ces bains d'air comprimé et je me trouve assez sensiblement mieux. Le médecin qui me gouverne, et qui n'a nullement l'encolure d'un charlatan, dit que mon cas n'est pas des pires et me promet de me guérir avec une quinzaine de bains. J'espère que je vous trouverai bientôt à Paris. Je regrette de ne pas assister à la discussion qui va avoir lieu au sujet des thèses de médecine. Avez-vous lu la lettre de l'abbé Dupanloup? L'âme de Torquemada est entrée dans son corps. Il nous brûlera tous si nous n'y prenons garde. Je crains que le Sénat ne dise et ne fasse à cette occasion tout ce qu'il y a de plus propre à le rendre ridicule et odieux. Vous ne sauriez croire combien tous ces vieux généraux qui ont traversé tant d'aventures ont peur du diable, à présent. Je ne sais pas si Sainte-Beuve est en état de parler comme mon journal l'annonce; j'en doute, et, d'ailleurs, je ne sais trop s'il prendrait la chose par le bon côté, j'entends de manière à détourner la bombe. Son affaire à lui est de dire sa ratelée sans se soucier des résultats, comme il a déjà fait à l'occasion du livre de Renan. Tout cela m'agace et me tourmente. Nous avons ici un temps admirable dont les natifs se plaignent fort, car il y a un an qu'il n'a plu. Cela n'empêche pas les feuilles de pousser et la campagne est magnifique. Malheureusement, mes bains me tiennent toute la matinée et je ne puis guère me promener. Il y a ici la foire sous mes fenêtres. On montre en face de moi une géante en robe de satin qui se relève pour faire voir les jambes. Le diamètre est à peu près celui de votre taille.

Je vous apporterai la traduction de *Fumée*. J'ai commencé un article sur Tourguenief, mais je ne sais si j'aurai la force de le terminer ici. Il n'y a rien de plus difficile que de travailler sur une table d'hôtel. Adieu, chère amie.

CCCVIII

Paris, 16 juin 1868.

. . . .
Je suppose que vous avez à peu près le même temps que nous, c'est-à-dire très-beau, et que vous n'avez pas à souffrir de l'excès d'humidité, qui est le mauvais côté de P... Ici, le commencement d'été est ravissant. Je suis allé avant-hier au bois de Boulogne, où j'ai vu les toilettes les plus mirobolantes. J'ai rencontré une fort belle personne, mise d'une façon très-extraordinaire et avec les cheveux d'une belle couleur aurore. J'aurais juré que c'était quelque demoiselle de la rue

de Breda. J'ai fini par reconnaître en elle la femme d'un général, qui avait autrefois les cheveux châtain foncé. Les mœurs font des progrès singuliers. Un monsieur fort bien dans le monde vivait maritalement avec la femme d'un autre monsieur. Rentrant chez lui, il la trouve avec un troisième monsieur; sur quoi, il va trouver le mari et lui dit : « Je sais que vous désirez avoir des preuves de criminelle conversation pour obtenir une séparation de corps d'avec votre femme. Je vous apporte ces preuves. » Il lui remet un paquet de lettres, et ils se séparent en se donnant des marques d'estime réciproque. Il ne paraît pas qu'on l'ait mis à la porte de son club ni d'aucun salon où il allait.

M. Tourguenief vient de m'envoyer une nouvelle très-courte, mais très-jolie, qui s'appelle *le Brigadier*. On la traduit en ce moment, et, si on m'envoie des épreuves, je vous en ferai part. Les romans anglais deviennent si horriblement ennuyeux, que je n'y puis mordre. Il me semble qu'il n'y a plus ici que M. Ponson du Terrail, mais les feuilletons sont trop courts.

Je crois que j'irai à Londres à la fin du mois;

j'espère vous voir à Hastings et à Paris vers la fin de juillet. Adieu, chère amie.

CCCIX

Château de Fontainebleau, 4 août 1868.

Chère amie, je suis ici depuis une quinzaine de jours en assez bon état, trouvant que l'oisiveté la plus complète est très-bonne pour le corps et l'âme. Notre dernière promenade m'a laissé un très-doux souvenir. Et à vous? Ici, je me promène un peu, je ne lis guère, et je respire assez bien. Le ciel et les arbres me font plaisir à voir. Il n'y a personne au château, c'est-à-dire une trentaine de personnes au plus, dont les seuls étrangers au service, avec moi, sont des cousins et cousines de l'impératrice, aimables, et que j'ai connus à Madrid. J'avais gardé pour vous un exemplaire de *Fumée*, deuxième édition. A mon retour à Paris, dans une semaine, je pense, je le mettrai chez vous, ou je vous l'enverrai, si vous l'aimez mieux. J'avais apporté ici de quoi travailler; mais, comme on n'est jamais sûr d'avoir une heure à soi, je ne fais rien du tout. J'ai fait une copie d'un portrait de Diane de Poitiers, d'après le Primatice ; elle est représentée en Diane habillée d'un carquois, et il est évident qu'elle a posé, et que, des pieds jusqu'à la tête, tout est portrait. Même, si j'ose le dire, il résulte de l'examen de ses jambes qu'elle attachait ses jarretières au-dessous du genou, selon la mode du temps, qui a été abandonnée (à ce que j'ai entendu dire). Je vous montrerai cela, car ce portrait a une importance historique. Adieu, voici l'heure du déjeuner. Je vous envie les petits poissons que vous mangez peut-être en ce moment. Veuillez me dire ce que c'est que ce rocher élevé à Boulogne, près de l'endroit où l'on débarque. Cela m'a paru une monstruosité.

CCCX

Paris, 2 septembre 1868.

. . . .
Pendant que j'étais à Fontainebleau, il m'est

arrivé un accident étrange. J'ai eu l'idée d'écrire
une nouvelle pour mon hôtesse, que je voulais
payer en monnaie de singe. Je n'ai pas eu le
temps de la terminer; mais, ici, j'y ai mis le mot
fin, auquel je crains qu'on ne trouve des lon-
gueurs. Mais le plus étrange, c'est que j'avais
à peine fini, que j'ai commencé une autre nouvelle; la recrudescence de cette maladie de jeunesse m'alarme, et ressemble beaucoup à une
seconde enfance. Bien entendu, rien de cela n'est
pour le public. Lorsque j'étais dans ce château,
on lisait des romans modernes prodigieux, dont
les auteurs m'étaient parfaitement inconnus. C'est
pour imiter ces messieurs que cette dernière nouvelle est faite. La scène se passe en Lithuanie,
pays qui vous est fort connu. On y parle le san-
scrit presque pur. Une grande dame du pays, étant
à la chasse, a eu le malheur d'être prise et emportée par un ours dépourvu de sensibilité, de
quoi elle est restée folle; ce qui ne l'a pas empêchée de donner le jour à un garçon bien constitué
qui grandit et devient charmant; seulement, il a
des humeurs noires et des bizarreries inexpli-
cables. On le marie, et, la première nuit de ses

noces, il mange sa femme toute crue. Vous qui connaissez les ficelles, puisque je vous les dévoile, vous devinez tout de suite le pourquoi. C'est que ce monsieur est le fils illégitime de cet ours mal élevé. *Che invenzione prelibata*[1]*!* Veuillez m'en donner votre avis, je vous en prie.

Je ne vais pas trop bien, et on me conseille d'aller reprendre des bains d'air comprimé à Montpellier. Il est probable que vous ne me retrouverez pas à Paris, si vous n'y rentrez pas avant le 1er octobre. Je vous laisserai le roman de *Fumée*, que j'ai pour vous depuis des siècles. Je ne sais ce que devient l'auteur, qui était dernièrement à Moscou avec la goutte et un roman historique en train. Je regrette beaucoup de n'avoir pas visité l'aquarium dont vous me parlez quand j'ai passé par Boulogne. Il n'y a rien qui m'amuse plus que les poissons et les fleurs de mer. J'ai dîné hier chez Sainte-Beuve, qui m'a fort intéressé. Bien qu'il souffre beaucoup, il a un esprit charmant. C'est assurément un des plus agréables causeurs que j'aie entendus. Il est très-alarmé des progrès que font

---

1. C'est la nouvelle qui a paru, depuis, sous le titre de *Lokis*.

les cléricaux et prend la chose à cœur. Je crois
que le danger n'est pas de ce côté-là. . . . .

. . . .

Adieu, chère amie; écrivez-moi et ne lâchez pas
tant vos lettres, de façon à ne mettre que trois
mots à la ligne. Dites-moi très-candidement votre
avis sur l'invention de l'ours.

CCCXI

Paris, mardi 29 septembre 1868.

Chère amie, l'important, c'est que cette lecture
ne vous ait pas fatiguée. Est-il possible que vous
n'ayez pas deviné tout de suite combien cet ours
était mal léché? Pendant que je lisais, je voyais
bien sur votre visage que vous n'admettiez pas
ma donnée. Il me faut donc subir la vôtre. Croyez-
vous que le lecteur, moins timoré que vous,
acceptera ce conte de bonne femme, *du regard?*
Ainsi, c'est un simple regard de l'ours qui a rendu
folle cette pauvre femme et qui a valu à monsieur son fils ses instincts sanguinaires. Il sera

fait selon votre volonté. Je me suis toujours bien trouvé de vos conseils ; mais, cette fois, vous abusez de la permission.

Je pars pour Montpellier samedi prochain. J'espère vous dire adieu deux ou trois fois auparavant.

CCCXII

Cannes, 16 novembre 1868.

Chère amie, j'ai été et je suis encore bien malade. Les bains d'air comprimé, qui m'avaient fait tant de bien le printemps passé, n'ont pu me guérir d'une bronchite qui a succédé à mon asthme et qui le vaut bien. Je suis depuis six semaines toussant et étouffant, sans que les différentes drogues que je prends avec beaucoup de docilité et de résignation me fassent assez d'effet pour que je puisse reprendre ma vie habituelle. Je ne sors plus que lorsqu'il fait très-chaud. Je dors très-mal, et je passe mon temps à entretenir les *blue devils*... C'est surtout la nuit que je souffre et me tourmente le plus. Si je suis aussi patraque avant l'hiver, que deviendrai-je lorsqu'il fera réellement froid? Voilà ce qui me préoccupe très-désagréablement. Depuis trois ou quatre jours, cependant, je suis un peu moins mal.

J'ai fait, au milieu de mes insomnies, une copie soignée du *Trouveur de miel* [1], avec les changements que vous m'avez conseillés et qui me paraissent l'avoir amélioré. Il demeure douteux que l'ours ait poussé ses attentats jusqu'au point de troubler une généalogie illustre. Cependant, les personnes intelligentes comme vous comprendront qu'il est arrivé un accident très-grave. J'ai envoyé cette nouvelle édition à M. Tourguenief pour la révision de la couleur locale, dont je suis un peu en peine. Le diable, c'est que ni lui ni moi n'avons pu trouver un Lithuanien qui sût sa langue et connût son pays. J'avais quelque envie d'envoyer cela à l'impératrice pour sa fête; mais j'ai résisté à la tentation, et j'ai bien fait. Dieu sait ce que l'ours serait devenu, au milieu du monde qui est à Compiègne. — Nous avons eu un temps médiocre : ni froid ni vent,

[1] *Lokis.*

mais pas beaucoup de jours réellement beaux. Je suis ici depuis quinze jours. Le reste du temps, je l'ai passé à Montpellier, où je me suis horriblement ennuyé. . . . .

. . . .

Voilà le pauvre Rossini mort. On prétendait qu'il avait beaucoup travaillé, bien qu'il ne voulût rien publier ; cela m'a toujours paru très-improbable. La considération de l'argent, qui avait une grande importance sur lui, aurait suffi pour qu'il publiât, s'il avait réellement composé quelque chose. C'était un des hommes les plus spirituels que j'aie vus, et on n'a rien entendu de plus merveilleux que l'air du *Barbier de Séville* chanté par lui. Aucun acteur ne lui était comparable. L'année paraît être mauvaise pour les grands hommes. On dit que Lamartine et Berryer sont très-gravement malades. Adieu, chère amie ; donnez-moi de vos nouvelles et quittez au plus vite le pays humide que vous habitez. En province, on n'a pas de maison chaude.

Si vous connaissez quelque livre amusant, faites-m'en part, je vous prie.

CCCXIII

Cannes, 2 janvier 1869.

Chère amie, vous n'avez donc pas reçu une lettre que je vous ai adressée le mois passé à P... Je crains qu'elle n'ait été perdue. Je ne prétends pas cependant me justifier tout à fait. Si vous saviez quelle vilaine et monotone vie je mène, vous comprendriez que c'est bien assez de la supporter sans en rendre compte. Le fait est que je vais mal. Pas le moindre progrès! au contraire, on n'a pas même réussi à pallier les spasmes douloureux que j'éprouve de temps en temps. Nous avons un ciel et une mer magnifiques, et leurs influences, qui autrefois me rendaient la santé, sont nulles maintenant. Que faut-il faire? je n'en sais rien, mais souvent j'ai grand désir que cela finisse. Votre voyage me paraît très-agréable; mais je n'approuve pas votre retour par le Tyrol dans la saison que vous me dites. Vous aurez beaucoup de neige. Vous perdrez la peau de vos joues, et vous ne verrez rien de bien beau. N'importe par quel autre chemin, vous auriez mieux. Innspruck, ou plutôt Innsbruck, est une petite ville très-pittoresque; mais, pour qui a vu la Suisse, cela ne vaut pas la peine de se déranger, non plus que les statues de bronze de la cathédrale. Je ne vois sur votre route que Trente qui offre de l'intérêt.

Pourquoi n'iriez-vous pas en Sicile voir l'Etna, qui, dit-on, fait des siennes? Vous n'avez pas le mal de mer, et il est probable qu'à Naples on organise des bateaux pour aller voir le spectacle. Dans une huitaine de jours, vous aurez pu voir l'Etna, Palerme et Syracuse.

J'ai recopié *l'Ours* que vous savez et je l'ai léché avec un certain soin. Beaucoup de choses sont changées en mieux, je crois. Le titre et les noms changés également. Pour les personnes aussi peu intelligentes que vous, les manières de cet ours resteront fort mystérieuses. Mais on ne pourra rien conclure à son désavantage, quelque perspicace qu'on soit. Il y a une infinité de choses qui demeurent inexpliquées. Les médecins me disent que les plantigrades sont plus que d'autres bêtes en mesure de s'allier à nous; mais naturellement les exemples sont rares, les ours étant peu avantageux. . . . . , . . .

Où est le sel de cette apoplexie de M. de Nieuwerkerke annoncée par tous les journaux et démentie plus tard? Comme on devient bête! Cela fait des progrès rapides. Avez-vous eu la curiosité d'aller entendre des discussions dans la salle du Pré-aux-Clercs sur le mariage et l'hérédité? On dit que cela est très-amusant pendant quelques minutes, et, par réflexion, très-effrayant lorsqu'on se représente combien de fous et de chiens enragés courent les rues. On m'écrit qu'il y a des femmes qui font des discours qui ne sont ni les moins furieux, ni les moins bêtes. Ces symptômes me font frémir; on est dans ce pays volontairement aveugle.

Adieu, chère amie; je vous souhaite une bonne année.

CCCXIV

Cannes, 23 février 1869.

Ne m'en voulez pas, chère amie, si je ne vous écris pas. Je n'ai pas de bonnes nouvelles à vous donner de moi, et à quoi bon vous envoyer de mauvais bulletins? Le fait est que je suis toujours très-souffrant, et je m'aperçois que mon mal n'est pas guérissable. J'ai essayé de je ne sais combien de remèdes infaillibles; j'ai été entre les mains de trois ou quatre très-habiles hommes, pas un seul ne m'a donné le moindre soulagement. Je me trompe, j'ai trouvé à Nice, il y a quelque temps, un homme de beaucoup d'esprit, un peu charlatan, qui m'a donné gratis des pilules qui m'ont débarrassé de certaines suffocations très-pénibles qui arrivaient toutes les nuits. A présent, c'est le matin qu'elles me prennent, mais avec moins de force et elles durent moins longtemps. Quant à la broncnite, qui est le morceau de résistance de ma maladie, elle est au beau fixe.

Souffreteux et triste comme je suis, je n'ai que la force de lire, et je n'ai guère de livres. J'ai lu avec intérêt, ces jours passés, les *Mémoires d'un paysan écossais* qui, à force d'intelligence et de travail, est devenu homme de lettres, professeur de géologie et un homme célèbre. Malheureusement, il s'est coupé la gorge il y a peu de temps, le travail ayant sans doute tout à fait usé sa cervelle. Il s'appelait Hugh Miller. — Je pense que vous trouverez mon *Ours* plus présentable sous sa nouvelle forme. Quand je puis peindre, j'y fais des illustrations pour le donner à l'impératrice quand je reviendrai à Paris. Ne croyez pas que je représente toutes les scènes, celle par exemple où cet ours s'oublie. Adieu, chère amie; je regrette pour vous que vous ne retourniez pas à Rome cette année. Il me semble que tout va se gâtant. Il n'y a plus d'Espagne; bientôt, il n'y aura plus de saint-siége. La perte sera plus ou moins grande, selon les idées des gens. Mais c'est une chose qu'il faut voir une fois (comme diverses autres choses), pour n'avoir pas de tentations ni de regrets. Adieu. . . . .
. . . .

CCCXV

Cannes, 19 mars 1869.

Chère amie, j'ai été bien malade. Me voici en convalescence, bien faible encore, mais, dit-on, hors de tout danger. C'est une bronchite aiguë qui est venue s'ajouter à ma bronchite chronique. Pendant quatre ou cinq jours, j'ai été en danger. A présent, je me lève, je me promène dans ma chambre, et on me promet que bientôt je pourrai me promener au soleil. Adieu, chère amie. Santé et prospérité.

CCCXVI

Cannes, 23 avril 1869.

Chère amie, je pars après-demain en assez médiocre état, mais il me faut enfin quitter ce pays-ci. Mon cousin, dans la maison de qui je demeure, est mort, et sa pauvre femme n'a personne auprès d'elle. Je suis encore très-faible, mais je crois que je pourrai supporter la route. Je vous préviendrai lorsque je serai arrivé et j'espère vous trouver en bonne santé. Adieu, chère amie.

CCCXVII

Paris, dimanche 2 mai 1869.

Chère amie, je suis à Paris depuis quelques jours, mais j'étais si fatigué du voyage et si souffrant, que je n'ai pas eu le courage de vous écrire. Venez me voir pour me consoler. Adieu.

CCCXVIII

Paris, 4 mai 1869.

Je suis désolé que vous n'ayez pas attendu deux minutes. Vous n'avez pas voulu qu'on me prévînt, vous vous êtes bornée à remettre mon livre, et vous appelez cela une visite à un malade!

Votre charité en a été facilement quitte. Mais cela ne compte pas ; d'ailleurs, je suis un peu mieux ; j'aurais besoin de vous pour me mener à l'Exposition, où je ne voudrais pas voir des croûtes et des nudités. — Vous serez mon guide. Vous souvenez-vous du temps où j'étais le vôtre ? — Dites-moi quel jour vous conviendra. Adieu, chère amie.

CCCXIX

Paris, samedi 12 juin 1869.

Chère amie, ce temps sombre avec des alternatives de chaud et de froid me désole et me fait grand mal ; aussi je suis d'une humeur de chien. Le tapage qui se fait tous les soirs sur les boulevards, et qui rappelle les beaux temps de 1848, ne contribue pas peu à m'attrister et à faire que, comme Hamlet, *man delights me not nor woman neither*.

Ce qui m'afflige le plus dans toutes ces tristes affaires, c'est la profonde bêtise. Ce peuple, qui se dit et se croit le plus spirituel de la terre, témoigne son désir de jouir du gouvernement républicain en démolissant les baraques où de pauvres gens vendent les journaux. Il crie *Vive la Lanterne!* et il casse les réverbères. C'est à se voiler la face. Le danger est qu'il y a pour la bêtise une sorte d'émulation comme pour toute autre chose, et, entre les Chambres et le gouvernement, Dieu sait ce qui se pourra faire.

Je passe mon temps à déchiffrer des lettres du duc d'Albe et de Philippe II que m'a données l'impératrice. Ils écrivaient tous les deux comme des chats. Je commence à lire assez couramment Philippe II; mais son capitaine général m'embarrasse encore beaucoup. Je viens de lire une de ses lettres à son auguste maître, écrite peu de jours après la mort du comte d'Egmont, et dans laquelle il s'apitoie sur le sort de la comtesse, qui n'a pas *un pain* après avoir eu dix mille florins de dot. Philippe II a une manière embrouillée et longue de dire les choses les plus simples. Il est très-difficile de deviner ce qu'il veut, et il me semble que son but constant est d'embarrasser son lecteur et de l'abandonner à son initiative. Cela faisait la paire d'hommes la plus haïssable qui ait existé, et, malheureusement, ni l'un ni l'autre n'ont été pendus, ce qui n'est pas à la louange de la Providence. J'ai aussi reçu d'Angleterre un livre curieux, où l'on prétend que Jeanne la Folle n'était pas folle, mais hérétique, et que, pour cette raison, maman, papa, et son mari, et son fils, se sont entendus pour la tenir en prison avec, de temps à autre, un peu de torture. Vous lirez cela quand vous voudrez, le livre est à vos ordres.

Je n'ai pas grand'chose à vous dire de ma santé, qui n'est pas florissante; un peu meilleure peut-être qu'avant mon départ. Cependant, je tousse toujours et je ne puis ni manger ni dormir.

Adieu, chère amie; donnez-moi de vos nouvelles.

CCCXX

Paris, 29 juin 1869.

Merci de votre lettre, chère amie. Je suis outré contre les poëtes et les climats prétendus tempérés. Il n'y a pas de printemps, il n'y a pas même d'été. Aujourd'hui, je me suis hasardé dehors et je suis rentré transi. Quand je pense qu'il y a des gens qui vont dans les bois et qui y parlent même d'amour par des temps aussi cruels, je suis tenté de crier au miracle. Je dis que cela se fait encore, je me trompe, c'est impossible, et même jamais cela ne s'est fait. J'ai fini l'histoire de la princesse Tarakanof, qui était une péronnelle, mais elle avait un amant dont les lettres vous amuseront. Il a eu le sort de beaucoup de mortels. J'espère que le *Journal des Savants* pénètre à ***; sinon, je tâcherai de vous l'envoyer.

Je vais jeudi à Saint-Cloud, où je passerai probablement une quinzaine de jours. Je ne sais trop comment je soutiendrai la vie que je vais mener, bien que je sois, m'a-t-on dit, à peu près le seul invité. Au reste, si je m'en trouve mal, en une heure je puis être réintégré dans mes foyers. Je vous ai dit quelque chose de toutes les tribulations que j'ai ici dans ma maison, et je vous avouerai que ce n'est pas sans grande joie que je m'en éloigne. J'ai eu, depuis votre départ, deux ou trois scènes des plus ennuyeuses.

Je lis avec toute la peine possible le *Saint Paul* de M. Renan. Décidément, il a la monomanie du paysage. Au lieu de conter son affaire, il décrit les bois et les prés. Si j'étais abbé, je m'amuserais à lui faire un article de revue. Avez-vous lu la harangue de notre saint-père le pape? . . . .

Je suis sûr que nous allons avoir en paroles et en actions des énormités pour lesquelles il n'y aura pas assez de pommes cuites. Hélas! cela peut finir par des projectiles plus durs! Quel malheur que l'esprit moderne soit si plat! Croyez-vous qu'on l'ait jamais été autant? sans doute, il y a eu des siècles où l'on était plus ignorant, plus barbare, plus absurde, mais il y avait çà et là quelques grands génies pour faire compensation, tandis qu'aujourd'hui, ce me semble, c'est un nivellement très-bas de toutes les intelligences. Comme je ne sors guère, je lis beaucoup. On m'a envoyé les œuvres de Baudelaire, qui m'ont rendu furieux. Baudelaire était fou! Il est mort à l'hôpital après avoir fait des vers qui lui ont valu l'estime de Victor Hugo, et qui n'avaient d'autre mérite que d'être contraires aux mœurs. A présent, on en fait un homme de génie méconnu! — J'ai vu aujourd'hui un très-beau dessin d'une fresque merveilleuse découverte à Pompéi. Cela a l'air d'une procession en l'honneur de Cybèle, à qui Hercule rend visite. Devant Cybèle est un monsieur dépourvu de modestie; d'autres portent un serpent en grande pompe, un serpent roulé autour d'un arbre. Je ne comprends rien au sujet. Vous avez vu à Pompéi le petit temple d'Isis, c'est de ce côté qu'on a trouvé la fresque en question. — Adieu, chère amie; donnez-moi de vos nouvelles, afin que je puisse vous voir à votre passage. D'ici à quelques jours, vous pouvez m'écrire au palais de Saint-Cloud.

CCCXXI

Paris, mercredi soir 5 août 1869.

. . . .

J'ai passé un mois à Saint-Cloud en tolérable état. Je n'ai jamais été parfaitement bien les matins et les soirs, mais la journée n'était pas mauvaise. Le grand air m'a fait du bien, à ce que je crois, et m'a donné un peu de force. En revenant dimanche, j'ai été repris d'oppressions très-douloureuses qui ont duré deux jours. Puis mon médecin de Cannes est venu avec un remède nouveau de son invention, qui m'a guéri. Ce sont des pilules d'eucalyptus, et l'eucalyptus est un arbre de l'Australie, naturalisé à Cannes. Cela va bien, pourvu que cela dure, comme disait en l'air un homme qui tombait d'un cinquième étage.

A Saint-Cloud, j'ai lu *l'Ours* devant un auditoire très-*select*, dont plusieurs demoiselles, qui n'ont rien compris, à ce qu'il m'a semblé; ce qui m'a donné envie d'en faire cadeau à la *Revue*, puisque cela ne cause pas de scandale. Dites-moi votre façon de penser là-dessus, en tâchant de vous représenter très-exactement le pour et le contre. Il faut tenir compte des progrès en hypocrisie que le siècle a faits depuis quelques années. Qu'en diront vos amis? Aussi bien faut-il se faire ses histoires à soi-même, car celles qu'on vous fait ne sont guère amusantes. . . . .
. . . .

N'avez-vous pas été affligée pour votre mère

l'Église, de l'accident de Cracovie? je suis sûr que, si on y regardait de près, on trouverait ailleurs des choses semblables. Il faut lire l'affaire dans le *Times*. . . . . ;

. . . .

J'ai dîné, il y a quelques jours, avec l'innocente Isabelle. Je l'ai trouvée mieux que je ne l'aurais cru. Le mari, qui est tout petit, est un monsieur très-poli et m'a fait beaucoup de compliments pas trop mal tournés. Le prince des Asturies est très-gentil et a l'air intelligent... Il ressemble à *** et aux infants du temps de Vélasquez. Je m'ennuie beaucoup. Il fait très-chaud au Luxembourg, et toute cette affaire du sénatus-consulte n'a rien de plaisant. On va ouvrir l'établissement au public, ce qui me déplaît fort[1].

Adieu, chère amie; écrivez-moi quelque chose de gai, car je suis fort mélancolique. J'aurais bien besoin de votre gaieté et de votre présence réelle.

1. Les séances du Sénat allaient devenir publiques.

CCCXXII

Paris, 7 septembre 1869.

Chère amie, comptez-vous rester encore longtemps à ***? ne reviendrez-vous pas bientôt ici? Je commence à regarder du côté du Midi, bien que je n'aie pas encore senti les approches de l'hiver; mais je me suis promis de ne pas me laisser surprendre par le froid. Je suis depuis quelques jours un peu mieux, ou, pour parler plus exactement, moins mal. J'ai pris ici des bains d'air comprimé qui m'ont fait un peu de bien, et on me fait suivre un traitement nouveau qui me réussit assez. Je suis toujours très-solitaire, je ne sors jamais le soir et ne vois presque personne. Moyennant toutes ces précautions, je vis, ou à peu près. Buloz est parvenu à me séduire. A Saint-Cloud, l'impératrice m'avait fait lire *l'Ours*; — cela s'appelle à présent *Lokis* (c'est *ours* en *jmoude*) — devant de petites demoiselles qui, ainsi que je crois vous l'avoir dit, n'y ont rien compris du tout. Cela m'a encouragé, et, le 15 de ce mois, la chose paraîtra dans la *Revue*. J'y ai fait quelques changements outre les noms, et j'aurais voulu en faire beaucoup d'autres, mais le courage m'a manqué. Vous me direz ce que vous en pensez.

Hier, nous avons fini notre petite affaire [1]. Je ne sais trop ce qui en résultera; le respectable public est si parfaitement bête, qu'il a peur à présent de ce qu'il a voulu. Il me semble que le bourgeois, qui votait pour M. Ferry il y a quelques mois, pense qu'il va se trouver désarmé devant des journées de juin plus ou moins prochaines; sa spécialité est de n'être jamais content, de ses œuvres particulièrement. La maladie de l'empereur n'est pas grave, mais elle peut se prolonger et se renouveler. On dit, et je suis porté à le croire, que le grand voyage d'Orient sera décommandé; peut-être, encore les mauvaises relations entre le sultan et le vice-roi sont-elles suffisantes pour mettre à vau-l'eau les projets d'excursion,

---

1. Adoption du projet de sénatus-consulte, séance du 6 septembre 1869.

Avez-vous lu, dans le *Journal des Savants*, l'histoire de la princesse Tarakanof? mais cela est vieux et je crois vous avoir montré les épreuves.

Je dois faire cet hiver une *Vie de Cervantes* pour servir de préface à une nouvelle traduction de *Don Quichotte*. Y a-t-il longtemps que vous n'avez lu *Don Quichotte?* vous amuse-t-il toujours? vous êtes-vous rendu compte du pourquoi? Il m'amuse et je n'en trouve pas de raison valable; au contraire, j'en pourrais dire beaucoup qui devraient prouver que le livre est mauvais; pourtant, il est excellent. Je voudrais savoir vos idées là-dessus; faites-moi le plaisir de relire quelques chapitres et de vous faire des questions; je compte sur ce service de votre part.

Adieu; j'espère que le mois ne se passera pas sans que je vous voie.

CCCXXIII

Cannes, 11 novembre 1866.

Chère amie, je suis ici par le plus beau temps

et le plus persistant du monde; ce qui réduit au
désespoir les jardiniers, qui ne peuvent faire
pousser leurs choux. J'ai le regret de ne m'y
guère porter mieux que s'il faisait mauvais
temps. J'ai toujours, matin et soir, des moments
d'oppression très-pénible; je ne puis marcher
sans me fatiguer et sans étouffer; enfin, je suis
toujours très-patraque et misérable. J'ai eu, de
plus, des tracas très-graves : P..., que j'avais
emmenée avec moi, est devenue tout à coup si
maussade et si impertinente, que j'ai dû la ren-
voyer; vous sentez que perdre une femme qui est
depuis quarante ans chez moi n'est pas chose
agréable. Heureusement, le repentir est venu;
elle a demandé pardon avec tant d'instances,
que j'ai eu un assez bon prétexte pour céder et
la conserver. Il est si difficile aujourd'hui de
trouver des domestiques sûrs, et P... a tant de
qualités, qu'il m'aurait été impossible de la remplacer. J'espère que la colère et la fermeté dont
j'ai fait preuve et dont, entre vous et moi, je ne
me croyais guère capable, auront un effet salu-
taire pour l'avenir et empêcheront le retour de
semblables incidents.

J'ai déjeuné hier à Nice avec M. Thiers, qui est bien changé au physique depuis la mort de madame Dosne, et au moral nullement, à ce qu'il m'a semblé. Sa belle-mère était l'âme de sa maison; elle lui avait fait un salon, lui amenait du monde, savait être aimable pour les gens politiques ou autres. Enfin, elle régnait dans une cour composée d'éléments très-hétérogènes, et avait l'art de les tourner tous au profit de M. Thiers. Aujourd'hui, la solitude a commencé pour lui; sa femme ne se mêlera de rien.

En politique, j'ai trouvé Thiers encore plus changé; il est redevenu sensé, à voir cette immense folie qui s'est emparée de ce pays-ci, et il s'apprête à la combattre, comme il faisait en 1849. Je crains qu'il ne se fasse un peu d'illusion sur ses forces. Il est beaucoup plus facile de crever les outres d'Éole que de les raccommoder et de les rendre *air tight*. Il me semble probable que nous allons à un combat; le chassepot est tout-puissant et pourra donner à la populace de Paris une leçon historique, comme disait le général Changarnier; mais saura-t-on s'en servir à propos? Après s'en être servi, que pourra-t-on faire? Le gouvernement personnel est devenu impossible, et le gouvernement parlementaire, sans bonne foi, sans honnêteté et sans hommes habiles, me paraît non moins impossible. Enfin, l'avenir, et je pourrais dire le présent, est pour moi des plus sombres.

Adieu, chère amie; portez-vous bien et donnez-moi de vos nouvelles.

CCCXXIV

Cannes, 6 janvier 1870.

Chère amie, je vous remercie de votre lettre et de vos souhaits. Si je n'y ai pas répondu tout de suite, c'est que je n'en avais pas la force matérielle. Le froid qui est venu tout à coup très-rigoureux m'avait fait le plus grand mal. Aujourd'hui, je suis un peu moins souffrant, et j'en profite pour vous écrire. Je suis bien découragé; rien ne me réussit. J'essaye de tous les remèdes, et je me retrouve toujours au même point; après quelques jours de calme, le mal revient aussi puissant que jamais, je dors très-mal et très-difficilement. Non-seulement, je ne mange pas, mais j'ai horreur de toute espèce d'aliment. Presque tout le jour, j'éprouve un malaise affreux, parfois des spasmes; je puis à peine lire, et, bien souvent, je ne comprends pas ce que j'ai sous les yeux. J'ai une idée que je voudrais mettre en œuvre; mais comment travailler au milieu de ces ennuis ! Voilà, chère amie, la situation où je me trouve. J'ai la certitude que c'est une mort lente et très-douloureuse qui s'approche. Il faut en prendre son parti.

La politique, à laquelle je ne comprends plus rien du tout, n'est pas faite pour me donner des distractions agréables. Il me semble que nous marchons à une révolution pire que celle que nous avons traversée ensemble assez gaiement il y a une vingtaine d'années. Je voudrais bien que la représentation fût un peu retardée, pour n'y pas assister.

Il a gelé ici à six degrés, phénomène qui ne s'était pas produit depuis 1821, au dire des anciens; tous les jardins ont été ravagés. Le froid est venu au moment où l'on pouvait se croire en plein été ; la saison était avancée, tout était en fleur. C'était lamentable de voir les grandes plantes à belles fleurs comme les wigandias, hauts de sept à huit pieds la veille, avec de nombreux boutons, réduits en consistance d'épinards dans l'espace d'une nuit. Adieu, chère amie ; portez-vous bien et donnez-moi quelquefois de vos nouvelles. Je vous souhaite une bonne année...

CCCXXV

Cannes, 10 février 1870.

Chère amie, s'il y a longtemps que je ne vous ai écrit, c'est que je n'avais que de tristes choses à vous dire de moi. Je suis toujours de plus en plus patraque et je mène une vie vraiment misérable. Je ne dors presque pas et je souffre presque tout le reste du temps. Ajoutez à cela que l'hiver a été affreux. Toutes les belles fleurs qui faisaient la gloire du pays ont été détruites, beaucoup d'orangers ont gelé, et il n'y aura pas de fleurs assez pour vous faire de la pommade. Jugez de l'effet que produit sur un être nerveux comme moi la pluie, le froid, la grêle du ciel; on en souffre dix fois plus ici qu'on ne ferait à Paris.

Eh bien, vous avez eu une émeute aussi bête que le héros[1] qui en a été la cause; nous présentons un triste spectacle par la façon dont nous usons de la liberté et du gouvernement parlementaire. Il est impossible de n'être pas frappé de l'audace vraiment risible avec laquelle on présente et on soutient à la Chambre les *spropositi* les plus énormes, que personne ne s'aviserait d'émettre dans un salon. Ce régime représentatif est une comédie peu amusante; tout le monde y ment avec effronterie et néanmoins se laisse prendre par le mieux disant. Il y a des gens qui trouvent que Crémieux est éloquent et que Rochefort est un grand citoyen. — On était certainement bien bête en 1848, mais on l'est encore plus aujourd'hui.

Je fais l'essai d'un papier chimique anglais et je ne sais si vous pourrez me lire. Je viens de traduire pour la *Revue* une nouvelle de Tourgue-

1. Victor Noir.

nief qui paraîtra le mois prochain. J'écris pour
moi et peut-être pour vous une petite histoire
où il est fort question d'amour. Adieu; je vous
souhaite santé et prospérité.

CCCXXVI

Cannes, 7 avril 1870.

Chère amie, je ne vous ai pas écrit parce que
je n'avais que de mauvaises nouvelles à vous donner. J'ai été toujours sinon malade, du moins
souffrant. Je le suis encore. Je suis d'une faiblesse
désespérante, et il m'est impossible d'aller à cent
pas de chez moi sans m'asseoir plusieurs fois.
Très-souvent, surtout la nuit, je suis pris de crises
très-douloureuses et qui durent longtemps. « Les
nerfs ! » me dit-on. Or, la médecine, comme vous
le savez, est à peu près impuissante lorsqu'il
s'agit de nerfs. Lundi dernier, voulant faire une
expérience et savoir si je pouvais supporter le
voyage de Paris, je suis allé à Nice faire des
visites. J'ai cru un instant que je commettrais

l'indiscrétion de mourir chez quelqu'un que je ne connaissais pas assez intimement pour prendre cette liberté. Je suis revenu ici en mauvais état et j'ai passé vingt-quatre heures à étouffer. Hier, j'ai été un peu mieux. Je suis sorti et me suis promené au bord de la mer, suivi d'un pliant sur lequel je m'asseyais tous les dix pas. Voilà ma vie. J'espère pouvoir, à la fin du mois, me mettre en route pour Paris. La chose sera-t-elle possible? Je me demande souvent si je pourrai monter mon escalier? Vous qui savez tant de choses, connaissez-vous quelque appartement où je pourrais caser mes livres et ma personne sans monter beaucoup de marches? Je voudrais bien n'être pas trop loin de l'Institut.

J'ai reçu une lettre, très-bien tournée, de M. Émile Ollivier, qui me demande ma voix[1]. Je lui ai répondu que je n'étais plus de ce monde; je pense qu'il sera nommé sans difficulté.

Que vous avez raison de trouver que tout le monde est fou! La gauche soutenant que consulter le peuple sur la constitution, c'est faire du

---

1. Pour l'Académie française.

despotisme, prouve bien de quel faux métal elle est fondue! Mais le plus triste, c'est que tant d'absurdité ne révolte personne. Au fond, nous sommes dans un temps où il n'y a plus ni ridicule ni absurdité. Tout se dit et tout s'imprime sans scandale.

Je ne sais quand paraîtra la notice sur Cervantes ; elle sera en tête d'une grande et belle édition de *Don Quichotte,* que je vous ferai lire un de ces jours. Quant à l'histoire dont je vous ai parlé, je la réserve pour mes œuvres posthumes. Cependant, si vous voulez la lire en manuscrit, vous pourrez avoir ce plaisir, qui durera un quart d'heure.

Adieu, chère amie ; portez-vous bien. La santé est le premier des biens. Je ne bougerai pas avant la fin d'avril. Je pense vous retrouver à Paris. Adieu encore.

CCCXXVII

Cannes, 15 mai 1870.

Chère amie, j'ai été bien malade et je le suis

encore. Il n'y a que quelques jours qu'on me permet de mettre le nez dehors. Je suis horriblement faible; cependant, on me fait espérer qu'à la fin de la semaine prochaine je pourrai me mettre en route. Probablement je reviendrai à petites journées, car je ne pourrais jamais supporter vingt-quatre heures de chemin de fer. Ma santé est absolument ruinée. Je ne puis encore m'habituer à cette vie de privations et de souffrances; mais, que je m'y résigne ou non, je suis condamné. Je voudrais au moins trouver quelques distractions dans le travail; mais, pour travailler, il faut une force qui me manque. J'envie beaucoup quelques-uns de mes amis, qui ont trouvé moyen de sortir de ce monde tout d'un coup, sans souffrances, et sans les ennuyeux avertissements que je reçois tous les jours. Les tracas politiques dont vous me parlez ont troublé aussi le petit coin de terre que j'habite. J'ai vu ici pleinement combien les hommes sont ignorants et bêtes. Je suis convaincu que bien peu d'électeurs ont eu connaissance de ce qu'ils faisaient. Les rouges, qui sont ici en majorité, avaient persuadé aux imbéciles, encore bien plus nombreux, qu'il s'agissait d'un impôt nouveau à établir. Enfin, le résultat a été bon [1]. « C'est bien coupé, il s'agit de coudre, » comme disait Catherine de Médicis à Henri III. Malheureusement, je ne vois guère dans ce pays-ci des gens qui sachent manier l'aiguille. Comment trouvez-vous mon ami M. Thiers, qui, après l'histoire des banquets en 1848, recommence la même tactique? On dit qu'on n'attrape pas les pies deux fois de suite avec le même piége; mais les hommes, et les hommes d'esprit, sont bien plus faciles à prendre.

Je pense à quitter mon logement, et je voudrais bien en trouver un moins élevé dans votre quartier. Pouvez-vous me donner des informations et des idées à ce sujet? . . . .
. . . .

Rien de plus beau que ce pays-ci en cette saison. Il y a tant de fleurs et de si belles partout, que la verdure est une exception dans le paysage. Adieu.

1. Le vote du plébiscite.

CCCXXVIII

Paris, 26 juin 1870.

Chère amie, je suis malade depuis un mois. Il m'est impossible de rien faire, même lire. Je souffre beaucoup et n'ai que peu d'espérance. Cela durera peut-être longtemps. J'ai mis de l'ordre dans un des rayons de ma bibliothèque, et je vous garde les *Lettres de madame de Sévigné*, en douze volumes, et un petit Shakspeare. Quand vous viendrez à Paris, je vous les enverrai. Merci de penser à moi.

CCCXXIX

Paris, 18 juillet 1870.

Chère amie, j'ai été et je suis encore bien malade. Depuis six semaines, je n'ai pu sortir de ma chambre et presque de mon lit. C'est la troisième ou quatrième bronchite qui m'arrive depuis le commencement de l'année. Cela ne me promet rien de bon pour l'hiver prochain. Lorsque la chaleur que nous avons eue ne me met pas à l'abri des rhumes, que sera-ce lorsqu'il fera froid?

Je crois qu'il faut se porter admirablement bien et avoir des nerfs d'une vigueur particulière pour que les événements qui se passent glissent sans trop affecter. Je n'ai pas besoin de vous dire ce que j'éprouve. Je suis de ceux qui croient que la chose ne pouvait pas s'éviter[1]. On aurait peut-être pu retarder l'explosion, mais il était impossible de la conjurer absolument. Ici, la guerre est plus populaire qu'elle ne l'a jamais été, même parmi les bourgeois. On est très-braillard, ce qui est mauvais assurément; mais on s'enrôle et on donne de l'argent, ce qui est l'essentiel. Les militaires sont pleins de confiance; mais, quand on pense que tout l'avenir est soumis au hasard d'un boulet ou d'une balle, il est difficile de partager cette confiance.

Au revoir, chère amie; je suis déjà fatigué de vous avoir écrit ces deux petites pages. Je suis

---

[1]. La guerre avec la Prusse.

patraque au dernier point; cependant, mes médecins disent que je suis mieux, mais je ne m'en aperçois guère. Je n'ai point envoyé chez vous les livres, craignant qu'il n'y eût personne pour les recevoir.

Adieu encore; je vous embrasse de cœur.

CCCXXX

Paris, mardi 9 août 1870.

Chère amie, je pense que vous ferez bien de ne pas venir à Paris en ce moment; je crains qu'il n'y ait sous peu de tristes scènes. On ne voit que des gens abattus ou des ivrognes qui chantent *la Marseillaise*. Grand désordre partout! L'armée a été et est admirable; mais il paraît que nous n'avons pas de généraux. Tout peut encore se réparer; mais, pour cela, il faut presque un miracle.

Je ne suis pas plus mal, seulement accablé de cette situation. Je vous écris du Luxembourg, où nous ne faisons qu'échanger des espérances et des craintes. Donnez-moi de vos nouvelles. Adieu.

CCCXXXI

Paris, 29 août 1870.

Chère amie, merci de votre lettre. Je suis toujours très-souffrant et très-nerveux. On le serait à moins; je vois les choses en noir. Depuis quelques jours, cependant, elles se sont un peu améliorées. Les militaires montrent de la confiance. Les soldats et les gardes mobiles se battent parfaitement; il paraît que l'armée du maréchal Bazaine a fait des prodiges, bien qu'elle se soit toujours battue un contre trois. Maintenant, demain, aujourd'hui peut-être, on croit à une nouvelle grande bataille. Ces dernières affaires ont été épouvantables. Les Prussiens font la guerre à coups d'hommes. Jusqu'à présent, cela leur a réussi; mais il paraît qu'autour de Metz, le carnage a été tel, que cela leur a donné beaucoup à penser. On dit que les demoiselles de Berlin ont perdu tous leurs valseurs. Si nous pouvons reconduire le reste à la frontière, ou les enterrer chez nous, ce qui vaudrait mieux, nous ne serons pas au bout de nos misères. Cette terrible boucherie, il ne faut pas se le dissimuler, n'est qu'un prologue à une tragédie dont le diable seul sait le dénoûment. Une nation n'est pas impunément remuée comme a été la nôtre. Il est impossible que de notre victoire comme de notre défaite ne sorte une révolution. Tout le sang qui a coulé ou coulera est au profit de la République, c'est-à-dire du désordre organisé.

Adieu, chère amie; restez à P..., vous y êtes très-bien. Ici, nous sommes encore très-tranquilles; nous attendons les Prussiens avec beaucoup de sang-froid; mais le diable n'y perdra rien. Adieu encore. . . . .

CCCXXXII

Cannes, 23 septembre 1870 [1].

Chère amie, je suis bien malade, si malade, que c'est une rude affaire d'écrire. Il y a un peu

[1]. Dernière lettre, écrite deux heures avant sa mort.

d'amélioration. Je vous écrirai bientôt, j'espère, plus en détail. Faites prendre chez moi, à Paris, les *Lettres de madame de Sévigné* et un Shakspeare. J'aurais dû les faire porter chez vous, mais je suis parti.

Adieu. Je vous embrasse.

DERNIÈRES PUBLICATIONS

	vol.
ARTHUR-LÉVY	
Un grand Profiteur de Guerre. — G. J Ouvrard	1
RENÉ BAZIN	
Magnificat	1
HENRY BIDOU	
C'est tout et ce n'est rien..	1
JOHAN BOJER	
Le Nouveau Temple	1
GUY CHANTEPLEURE	
Le Cœur désire	1
JACQUES CHENEVIÈRE	
La Jeune Fille de neige...	1
LOUIS DIMIER	
Le Château de Fontainebleau	1
DOMINIQUE DUNOIS	
Le Bourgeois au calvaire.	1
MARY FLORAN	
La Fiancée imaginaire...	1
ANATOLE FRANCE	
Rabelais	1
JOHN GALSWORTHY	
Aux Aguets	2
MAXIME GORKI	
Les Artamonov	1
GYP	
La Joyeuse enfance de la IIIᵉ République	1

	vol.
PIERRE HUBAC	
Une femme... et la peur..	1
RENÉ JOUGLET	
L'Étrangère	1
G. LENOTRE	
Le Château de Rambouillet	1
PIERRE LOTI	
Pays basque	1
DMITRI MEREJKOVSKY	
Vie de Napoléon	2
JEAN MISTLER	
Ethelka	1
CHARLES NICOLLE	
Les Deux larrons	1
JOSEPH PEYRÉ	
Xénia	1
PRINCE SIXTE DE BOURBON	
La Dernière conquête du Roi	2
NOËLLE ROGER	
Princesse de lune	1
PAUL SYLVÈRE	
Les Blessés de la Paix	1
PAUL WENZ	
Le Jardin des coraux	1
COLETTE YVER	
Vincent ou la Solitude	1

www.ingramcontent.com/pod-product-compliance
Lightning Source LLC
Chambersburg PA
CBHW070447170426
43201CB00010B/1246